WOGUO CHUBAN CHANYE GONGJICE
JIEGOUXING GAIGE TANXI

我国出版产业供给侧结构性改革探析

李 军 著

知识产权出版社
全国百佳图书出版单位
—北京—

图书在版编目（CIP）数据

我国出版产业供给侧结构性改革探析 / 李军著. —北京：知识产权出版社，2022. 12
ISBN 978-7-5130-8649-3

Ⅰ. ①我… Ⅱ. ①李… Ⅲ. ①出版事业-体制改革-研究-中国 Ⅳ. ①G239. 2

中国国家版本馆 CIP 数据核字（2023）第 002707 号

内容提要

本书从我国出版产业的地位和作用、发展现状、成就及存在的问题等方面出发，阐述了以高质量发展为核心，推进出版产业供给侧结构性改革的手段、改革主体、发展新动能、政府的主导作用等，为我国出版产业供给侧结构性改革提供了一个探索研究的方向。

本书可供出版行业相关管理者和研究人员参考。

责任编辑：彭喜英　　**责任印制：**孙婷婷

我国出版产业供给侧结构性改革探析

李军　著

出版发行：	知识产权出版社有限责任公司	**网　　址：**	http://www.ipph.cn
电　　话：	010－82004826		http://www.laichushu.com
社　　址：	北京市海淀区气象路 50 号院	**邮　　编：**	100081
责编电话：	010－82000860 转 8539	**责编邮箱：**	laichushu@cnipr.com
发行电话：	010－82000860 转 8101	**发行传真：**	010－82000893
印　　刷：	北京中献拓方科技发展有限公司	**经　　销：**	新华书店、各大网上书店及相关专业书店
开　　本：	720mm×1000mm　1/16	**印　　张：**	11
版　　次：	2022 年 12 月第 1 版	**印　　次：**	2022 年 12 月第 1 次印刷
字　　数：	200 千字	**定　　价：**	58.00 元

ISBN 978-7-5130-8649-3

前言

近年来，随着我国经济发展进入新常态，经济增长从高速转为中高速，从规模速度型粗放增长转向质量效率型集约增长，从要素投资驱动转向创新驱动有效供给和有效需求不协调、不平衡的矛盾逐渐突出，以高质量发展为核心，加快推进供给侧结构性改革成为中国经济持续健康发展的主线。在这一背景下，我国出版产业也在经历前所未有的冲击，传统出版业不仅难以保持过去多年的持续增长态势，供求结构失衡问题日益凸显，而且面对新媒体冲击的转型升级之路步履维艰。毫无疑问，供给侧结构性改革已成为出版产业突破困局的关键，实现高质量发展是出版产业供给侧结构性改革取得成功的根本出路，高质量发展将成为贯穿未来较长时期出版产业顺应新常态发展的主线和转方式、调结构的突破口。

实现出版产业高质量发展的关键，在于加快推动出版产业发展由数量扩张向质量提升转变，推动出版企业由粗放经营向集约经营转变，不断增强出版产品的有效供给能力，提升出版产业在国际市场的市场竞争力。本书以经济学、传播学和管理学的系统理论与思想为指导，在全面评述我国出版产业发展的原有动能基础上，通过对历史规律的分析，以出版产业供给侧结构性改革研究为主线，厘清新形势下产业发展的问题、增长动力的切换，探索以高质量发展为主线的出版业供给侧结构性改革的关键问题。

本书由三个主要部分构成。

第一部分包括前三章。第一章绪论，在介绍了选题背景与研究意义后，从全行业面临的发展困境入手，梳理出版产业供给侧结构性改革面临的问题和迫切性。基于我国出版产业结构调整历史数据，运用时间序列模型，对我国出版业增长变化的主要影响因素进行了系统分析。为更好地说明本研究依托的理论基础，第二章国内外研究综述梳理了供给学派演进的三个阶段、国内供给侧结构性改革理论的新进展、出版产业供给侧结构性改革的研究进展。第三章重点分析了出版产业的特征、地位以及出版产业的意识形态属性和商品属性对产业发展的影响，梳理了出版产业管理机构和职能的变迁；最后，对出版产业在国民经济中的贡献和地位进行了数量评估。

第二部分包括第四、第五两章，重点研究中国出版产业发展的现状、成就与问题和以高质量发展为核心的供给侧结构性改革的方向。其中，第四章基于2009—2016年《中国新闻出版统计资料汇编》，运用多种数量分析工具，对出版产业的历史、现状和问题进行客观分析后指出，出版产业总体保持高于国民经济增速的增长态势，各子行业加快轮动，融合创新发展成为主流等发展特征，但出版产业结构失衡、与新经济的融合与创新滞后、体制机制等问题日益突出，正成为制约出版产业可持续发展的主要障碍。针对这些问题，第五章作为本书的重点，对出版产业高质量发展的内涵、影响因素作出明确定义，并从产品、企业、产业、服务和产业组织结构五个层次提出出版业高质量发展的方向，以及出版业供给侧结构性改革的侧重点。

第三部分包括第六章到第八章，是对出版业供给侧结构性改革和高质量发展战略的进一步阐释。第六章对以出版企业为核心发挥市场机制进行理论与实证分析。首先，从理论上分析深化出版企业治理结构改革的内控体系和激励机制。其次，培育企业家精神和人力资源。企业家精神是推动出版企业学习新知识、新技术和推动企业创新的主导力量，持续创新与学习才能提供满足市场需求的产品，实现企业经济效益与社会效益双丰收。再次，高水平内容创新是出版攻坚战，版权资源市场化是改革的方向，并加强企业文化建设。最后，从国际化角度论述了加快拓展国际化发展空间，内外兼顾，助力“一带一路”总体规划的必要性和途径。第七章讨论加快新媒体技术的融合与创新。“新经济”环境是整个世界面临的发展背景，为出版产业持续发展提供了无限可能。在此基础上，论述了融合、创新从深层次对传统出版产业的改造和升级；探讨了知识付费，这是互联网与媒体、出版和教育融合形成的新物种，也是基于电商平台和社交平台的成熟产生的新型互联网产品。对知识付费在未来知识技术层面颠覆出版业展开了分析论证。第八章探讨以政府为主导加快制度体系建设。首先，论述在新媒体强势冲击的今天，具有意识形态属性的新闻出版产业，牢牢掌握意识形态工作领导权成为当务之急。其次，出版市场准入与退出机制是出版业市场化改革的关键。最后，探讨重构出版产业统计指标体系在产业巨变和改革过程中的重要性。

目录

第八章 以政府为主导做好制度供给

第九章 结 语

第一章　绪　论

第一节　选题背景与研究意义

一、宏观经济背景

改革开放40多年，我国经济持续快速增长，综合国力迈上新台阶，经济发展创造了世界经济发展史上的奇迹。我国国内生产总值（GDP）由1978年的3645亿元，增长到2017年的827 122亿元，GDP年均增速9.5%，在全世界范围内遥遥领先，是其他国家增长率的3倍左右。我国经济总量在全球的排名获得了绝对性的上升，跃居世界第二位，对世界经济增长贡献率超过30%。我国已由低收入国家迈入中等偏上收入国家行列。在全世界500多种工业产品中，产量位居“世界第一”的中国工业产品有220多种。高新技术产业发展迅速，世界级科技成果越来越丰富，数量激增，不断改变人们的生活。

从宏观角度看，我国主要是通过需求管理来实现经济的飞跃式发展的，以GDP规模扩张为主要目标，最终实现经济总量的增加。“十二五”以来，我国经济由高速增长转变为保持中高速增长，突出表现为供给明显不适应需求结构的变化，供给和需求不平衡、不协调的矛盾日益凸显；无效和低端供给过多；在有效供给和中高端供给方面十分欠缺，供给调整不及时，与需求存在大量不匹配的情况，无需求领域占据的大量生产要素得不到有效的调整，资源的合理配置无法实现，巨大的供给潜力没有被激发出来，实质上是体制机制束缚了供给结构调整。通过经济结构改革，矫正目前的供需状况，提升要素配置的效率，使无需求领域的生产要素向真正有需求、高端需求领域转移，让生产要素的分配更加适应我国的经济发展现状。我国亟待进行供给侧结构性改革，但是也不能完全忽视需求，要推动生产要素的合理流动，让供求格局达到高层次的动态平衡。同时，加入世界贸易组织（WTO）后，我国国际竞争力明显增强，但随着生产要素等一系列成本逐步提高，传统比较优势逐步减弱，新的竞争优势尚未形成。我国必须加快产业结构转型升级，从供给侧出发，找准着力点，在新比较优势的基础上形成新的竞争优势。

二、出版产业自身发展困境

在新的宏观大背景下，我国出版产业面临前所未有的冲击，正在经历从需求侧主导的发展模式向供给侧结构性转型的变革。纵观我国出版业的发展，自2001年以来，我国经济出现了巨大的变动，加入 WTO，在文化体制改革和新媒体兴起的背景下，产业整体稳步快速发展，产业结构特征出现明显变化。一方面，出版业作为第三产业之一，不断扩大的规模和不断提高的发展速度成为国民经济重要组成部分；另一方面，以 2013 年行业增速拐点为标志，出版产业进入发展新常态，增速从 19.7%下降到 9.7%，下降 10 个百分点。与此同时，全行业利润水平持续下降，增速明显放缓。从内部结构看，数字出版在出版业的数个子行业里发展速度遥遥领先，其地位逐渐显现出来，成为改变出版产业格局的主导力量，“十二五”期间保持了年均 30%以上的增长速度，实现了翻两番，并远超传统的出版物发行和书报刊子行业的增长速度，跃居新闻出版业的第二大分行业和第一高增长行业。在数字出版的高增速背景下，其他传统行业的发展状况则显得比较被动，如印刷复制业和传统书报刊占全行业的比重持续下降，纸质报刊尤其是报纸/期刊的广告发展速度变缓，甚至有倒退趋势，其发行下降，与数字发行形成鲜明对比，导致传统纸质媒体在全行业的营业收入中占比大幅度回落。种种迹象显示，在新形势下，传统出版业不仅难以保持过去多年的持续增长态势，而且在融入新媒体的过程中表现差强人意，前进之路步履艰难。

在造成当前行业困境的诸多因素中，供求之间的结构性矛盾最为突出。一方面表现为无效供给过量，供求关系严重脱节。据统计，全国图书库存从 2005 年的 42 亿余册增长到 2015 年的 68 亿余册；全国图书库存码洋从 2005 年的 483 亿余元增长到 2015 年的 1082 亿余元。❶ 另一方面表现为有效需求没有得到充分满

---

❶ 王关义，谢巍. 我国出版业供给侧改革思路[J]. 中国出版，2017(1)：11-14.

足，人均书籍消费量小，阅读水平低。如2015年，我国成年国民（18~70周岁）人均纸质图书阅读量仅为4.58本，图书阅读率为58.4%。法国、日本和韩国的人均纸质图书阅读量分别是8.4本、8.5本和11本。❶ 每年在世界上有影响力的优秀作品少，出版新技术少，出版业“有高原无高峰”，等等。这些状况与实现出版强国、文化强国的愿景相去甚远。近年来，数字化阅读逐渐普及，我国成年国民数字化阅读方式接触率连续八年增长，2016年达66.1%；微信阅读时间飞速增长；阅读出现新方式，近两成国民有听书习惯。❷ 新媒体新阅读的日益普及对传统出版产业转型升级提出了更高的要求。

中国特色社会主义进入新时代，供给侧结构性改革的一项重要任务就是实现经济发展由高速度向高质量转变，出版业没任何理由置身时代变革之外。就出版产业而言，实现高质量发展的关键是进一步推动出版产业发展由数量扩张向质量提升转变，推动出版企业由粗放经营向集约经营转变，不断增强出版产品的有效供给能力，提升出版产业在国内国际的市场竞争力。

三、研究意义

供给侧结构性改革已成为出版产业突破困局的关键，而实现高质量发展是出版产业发展的必然趋势，也是行业供给侧结构性改革的发展目标和根本出路，高质量发展将成为贯穿未来较长时期出版产业顺应新常态发展的主线和转变方式、调整结构的突破口。出版产业供给侧结构性改革研究的核心内容，就是要厘清新形势下产业发展的问题、增长动力的切换，探索以高质量发展为主线的供给侧结构性改革的路径和目标，回答这一全行业紧迫关切的现实问题。该研究的理论与现实意义主要体现在以下几个方面。

（一）这项研究是提升出版产业高质量发展的紧迫需要

我国经济已由高速增长阶段转向高质量发展阶段。高质量发展如何推进、如何落实备受瞩目。提质增效、转变发展方式将成为今后各行各业工作的重点。出版业也不例外。从表面看，近年来出版业在高速增长的同时，结构调整也取得不少成效，如实体书店扩大规模、重装开业、跨省布局、业态转型的热潮持续升温，许多在国内享有盛誉、发展形成一定规模的传媒公司相继在上海证券交易所

❶ 第十三次全国国民阅读调查报告。

❷ 第十四次全国国民阅读调查报告。

挂牌上市，等等。然而，从高质量发展的长远目标看，出版产业仍然面临诸多挑战。“十四五”时期，2035 年、2050 年是新闻出版业发展的关键时期，如何提升我国出版产业竞争力？如何发展出版产业？出版业行业机构调整的出路在哪里？经济增长方式的转变应该如何衡量？出版产业新的动力源泉在何处？怎么才能实现更好地发展？这些都是出版行业亟待解决的核心问题，这些问题的解决离不开科学的理论指导和现实数据的支撑，离不开对出版行业发展的广泛深入研究。

（二）对提升出版产业政府宏观调控能力具有现实指导意义

政策的指引和倾斜对出版业的发展是至关重要的。政府在宏观调控的过程中，主要是通过出台调整产业政策的方式实现的。政府的宏观调控政策必须明确行业内企业应该做什么，不应该做什么，与此同时，也要对什么时候该做、什么时候不该做等细节上的问题进行明确。我国目前各省、自治区、直辖市为支持出版产业的发展，均制定了支持文化产业和新闻出版产业发展的政策文件和相关规划。[1] 在对全国新闻出版业的成绩、问题、对策、目标、战略进行梳理的基础上，为宏观政策调整提供决策的参考依据，引导产业政策往正确的方向使力，针对行业发展中的重点问题，取长补短，改变原来的劣势状态，由数量扩张向质量提升转变，提升综合实力，拥有具有不可复制的竞争优势，让宏观政策调整真正发挥作用，弥补市场调控的弱点，帮助市场恢复正常秩序。通过提供适当扶持，给予适当的保护，引导新闻出版业高质量健康发展。

（三）推进出版产业深层次改革需要系统的理论研究和战略规划

出版产业供给侧结构性改革，一方面对我国出版业的发展现状进行总结；另一方面从现实出发，分析了今后我国出版业的发展方式和趋势。本书以产业经济学为理论基础，从微观角度看，我们应该从产业结构演变着手，抓住产业发展的规律，进一步深化产业改革，从新闻出版业内细分产业、以数字出版与传统出版产业的新旧动能转换为切入点，结合新闻出版产业实际，明确新闻出版业发展的优势与弱点，通过科学合理的量化评价，提出相关建议，弥补短板，进一步发挥优势，争取在我国出版业的供给侧结构性改革上实现重大转变，促进行业的可持续发展。

本书以经济学、传播学和管理学的系统理论和思想为指导，在全面测度我国

---

[1] 温珮滢. 我国新闻出版业发展评价指标体系研究[J]. 传媒经济与管理,2014(25):102.

出版产业发展的原有动能、客观评价各子行业在发展历程中的贡献和问题的基础上，通过历史规律研究和新特点、新规律分析，科学预测未来发展，力争从客观、真实的角度反映行业发展水平的结构性差异，为我国出版产业的结构性改革和挖掘新动能指引方向。

第二节 研究方法与研究内容

一、本书的研究方法

文献研究法。通过调查文献获得资料，从而全面掌握所要研究的供给侧结构性改革问题。通过文献研究法了解供给理论、出版产业的历史和现状，有助于了解事物的全貌。

定量分析法。通过定量分析法认识和揭示事物间的相互关系、借以达到对事物正确解释和预测的一种研究方法。通过研究 2000—2016 年出版产业发展数据库，构建研究出版产业发展模式和结构特征的数量化框架，建立线性分析和预测模型。对新闻出版产业的规模、发展速度、变化规律、发展趋势等数量关系进行分析研究，使我们对新闻出版产业的认识进一步精确化，能够科学地揭示其发展规律。

归纳分析法。梳理国内外关于供给的相关文献，归纳得出学界对供给侧结构性改革的观点，为出版产业的供给侧结构性改革制度创新提供理论支撑。

基于实证研究的模型分析法。本研究将采用结构化模型研究的方法，对新闻出版产业发展的历史经验进行系统的实证研究，突出在新媒体技术快速发展和国民经济结构升级不断推进的背景下，实现对新闻出版产业结构升级和供给侧结构性改革的成效评估。

二、本书涉及的主要数据来源

长期以来，新闻出版产业研究领域缺乏高水平产业研究以及行业系统规范的数据资料库，严重制约了出版产业研究的深入开展，以及对行业发展前景的预判和研判。本研究在国家级机构公开数据、各行业协会、蓝皮书和咨询公司等来源数据基础上建立了“2009—2016 年中国出版产业数据库”，本研究涉及的出版产业及其周边数据，具体来源总结如下：

一是各年度《中国新闻出版统计资料汇编》；

二是《中国统计年鉴》以及其他公开发布、允许公民查阅的数据；

三是《2009—2013 年新闻出版产业分析报告》《2014—2017 年新闻出版产业分析报告》；

四是各年度《中国数字出版产业年度报告》及各年简报；

五是崔保国主编，由社科文献出版社出版的 2009—2017 年的《中国传媒产业发展报告》；

六是各行业协会和咨询公司，比如民营书业协会、出版协会、数字出版协会、艾瑞咨询、开卷等。

数据量包括传统出版 9 大类 67 小类（2004—2016 年）生产数据累计 80 余万条；广告产业 1981—2016 年宏观数据，互联网广告 2009—2016 年数据等。

三、本书的研究内容

基于以上研究取得的理论与实证研究结论，突出针对性、前瞻性和科学性，提出新闻出版产业供给侧结构性改革的战略思路与政策建议。本书按照“现状分析—提出问题—理论研究—实证研究—对策措施—产业预测”的基本思路建立总体框架，主要研究内容包括：

第一章，绪论。首先，阐述本书的选题背景与研究意义，从全行业面临的发展困境入手，梳理出版产业供给侧结构性改革所面临的问题，得出初步结论：供给侧结构性改革已成为出版产业突破困局、实现高质量发展的根本出路，必将成为贯穿未来较长时期出版产业顺应新常态发展的主线和转方式调结构的关键。其次，详细介绍了本书的研究方法和研究内容。最后，基于 2006—2016 年我国出版产业结构调整变迁及动因的分析既是整个研究项目的基石，也是研究的难点。创新体现在时间序列分析模型，将供给侧理论及其在中国的发展引入出版产业改革的问题分析、产业预期、对策分析当中。

第二章，国内外研究综述。首先梳理了供给学派理论演进的三个阶段、国内供给侧结构性改革理论的新进展、出版产业供给侧结构性改革研究现状及取得的发展。理论的选择对于研究有着至关重要的作用，国内外研究综述是论证出版产业供给侧结构性改革现状、问题和对策的重要理论基础。其次对经济学、传播学、管理学等经典理论及其在本研究中的应用进行了梳理，并着重分析了经典理论在各环节的应用。

第三章，出版产业特征、地位和作用。本章首先对出版产业及其子行业进行了概念梳理和产业划分；其次分析了出版产业的意识形态属性和商品属性，梳理了出版产业管理机构和职能的变迁；最后依据数据模型对出版产业在国民经济中的贡献、地位和作用进行了论述。

第四章，我国出版产业发展的现状、成就与问题。本章基于2009—2016年《中国新闻出版统计资料汇编》，依照时间序列模型，对出版产业的历史、现状和问题进行客观分析。出版产业总体上保持高于国民经济增速的快速增长态势，产业规模快速扩张，子行业加快轮动，融合创新发展成为主流。在对出版产业结构升级特征分析中，得出数字出版已经成为出版业结构升级最大助推力量的结论。最后从六个方面探讨我国出版产业结构存在的突出问题：传统出版产业供求结构严重失衡；数字出版业产业结构、产业链存在突出问题，产业内部发展不均衡，传统出版数字化进程缓慢，缺乏完整产业链条；出版业进入壁垒高、秩序混乱和体制性障碍制约着高质量发展；国际化发展水平仍然不足；新技术冲击传统营销模式。

第五章，以高质量发展为核心推进出版业供给侧结构性改革。从政策、产业理论的角度指出，高质量发展是出版产业供给侧结构性改革的核心。从产能上看，我国已居世界第二出版大国，但从质量和影响力上看，和美英德等发达国家出版业仍有一定差距。因此，探讨出版产业高质量发展的内涵、高质量发展的影响因素尤为必要，也是本章的重点。

第六章，出版企业是推进供给侧结构性改革的主体。第一，从理论上分析出版企业治理结构改革的内控体系和激励机制。第二，强调培育企业家精神和人力资源。企业家精神是推动出版企业学习新知识、新技术和推动企业创新的主导力量，持续的创新与学习才能提供满足市场需求的产品，实现企业经济效益与社会效益。推动高质量发展，需要全行业不断攻克难关。出版行业内各企业的发展是受到内外部环境共同影响与作用的。从外部环境的角度看，宏观经济对出版企业产生不容忽视的影响。从内部环境的角度看，企业制度、企业家精神、企业资源等都与企业的长远发展紧密相连、息息相关。第三，加强高质量出版物内容创新和企业文化建设，高质量内容创新是出版攻坚战，版权资源市场化是改革的方向。第四，从国际化角度论述了加快拓展国际化发展空间，内外兼顾，助力“一带一路”总体规划的实现。

第七章，融合与创新是培育出版产业高质量发展的新动能。首先，论述新闻出版产业具有很强的意识形态属性，在新媒体强势席卷话语权的今天，牢牢掌握意识形态工作领导权成为当务之急。其次，出版市场准入与退出机制是出版业市场化改革的关键。最后，探讨重构出版产业统计指标体系在产业巨变和改革过程中的重要性及设想。

第八章，以政府为主导做好制度供给。“新经济”环境目前已成为出版产业发展的直接驱动力量，催生出众多出版新业态、新模式、新格局，为出版产业持续发展提供了无限可能。在此基础上，论述了融合、创新对从更深层次对传统出版产业进行改造和升级的重要性。最后，探讨了知识付费，这是互联网与媒体、出版和教育融合形成的新事物，是基于电商平台和社交平台的成熟产生的新型互联网产品。对知识付费在未来知识技术层面颠覆出版业展开了分析论证。

第九章 结语。对全书进行总结，提出研究的不足之处和进一步研究的方向。

第三节 研究难点与创新

本书重点研究我国新闻出版产业供给侧结构性改革，对整个出版业近年来发展过程的分析，其中2006—2016年我国出版产业结构调整变迁及动因的分析，是整个研究项目的基石，也是研究的难点。

本书的创新点主要体现在如下四个方面。

（1）系统论证了新形势下出版产业供给侧结构性改革的理论意义和现实紧迫性，提出了出版业高质量发展的基本内涵和内容，并从企业、政府和技术进步三个方面对当前供给侧结构性改革的现状问题和未来的改革方向作出论证。

（2）采用近年来在社会科学领域被广泛应用的时间序列分析模型，对我国新闻出版产业2006—2016年的相关数据进行系统分析，辅之以单指标的多维度比较研究和大范围的实证研究，对图书产业、报刊产业、数字出版产业、印刷复制产业等子产业建立预测模型；构建具有较广泛应用价值的数量化的新闻出版产业政策研究架构。从时间序列的角度出发，构建模型对出版产业结构、问题、预测等进行分析，在出版产业研究中具有一定的创新性。

（3）基于供给侧理论及其在中国的发展，将其引入新闻出版产业改革的问题分析、路径设计、产业预期、对策分析。两者结合，期望有所创新。

（4）依据管理归口、统计归口、《国民经济行业分类》（GB/T 4754—2017）、行业惯例等因素，具体划分了新闻出版产业及其子产业。我国的新闻出版产业不同于西方国家，自中华人民共和国成立以来到2000年左右，遵循事业化单位企业化管理，经过十多年文化体制和出版体制改革，出版单位转企改制已基本完成，产业化浪潮将90%以上的出版企业推向市场。这是第一次在文献研究中划分新闻出版产业及其子产业，具有一定的创新性。

第二章 国内外研究综述

第一节 供给学派理论演进三阶段

从西方国家的理论研究和宏观政策的实践来看，供给侧经济理论和经济政策的发展大致经历了三个阶段：供给侧与需求侧的地位没有孰轻孰重之分，是市场进行资源配置平等的两个方面，我们在研究市场资源配置的过程中，要同时从这两个维度入手，不能有所偏重，应该保持平衡。需求侧的激励措施主要包括消费、投资、政府支出及进出口，是站在市场需求的角度实现资源的合理配置的。供给侧的激励措施主要包括资本、劳动力、技术和企业家才能，从生产要素的角度进行资源的有效配置，配置的角度不同，发力点也就不同。

一、古典经济学时期的供给侧理论

在20世纪30年代前，亚当·斯密“看不见的手”和萨伊定律是古典经济学时期供给侧理论的代表。亚当·斯密最著名的“看不见的手”理论认为，市场是资源配置的核心，市场能够通过自己的调节实现资源的科学合理配置。在市场调节供需的过程中，价格机制是核心。价格机制、竞争机制和供求机制在供给侧结构性改革中发挥着核心的作用。萨伊则提出另一种观点，供给会自己创造需求是萨伊最著名的论断之一。他认为政府的作用仅局限于守夜人的角色，国民经济整体会实现一个相对的平衡，生产过剩即使存在也不会产生决定性的影响，买卖双方能够达到一个基本的平衡状态。但是，个别部门出现暂时性失衡的可能性是存在的，如果从长期看，国民经济整体是一定会达到一个相对平衡的。所以，可以通过减税刺激经济以增加供给。亚当·斯密“看不见的手”和萨伊定律都强调市场本身的重要性和调节作用，认为政府不应该过多干预，坚持市场机制在资源配置中起决定性作用。

在20世纪30年代，美国出现了产能过剩、失业严重、供需矛盾日益突出的现象，最后导致全球经济危机的大爆发。随后，与萨伊针锋相对的凯恩斯主义主张需求能自行创造供给，推行国家干预经济，实行扩大需求的政策。此主张认为生产和就业的水平主要取决于总需求的水平，其在各国兴起后，一开始起到了一定的效果，但由于人为地扩大需求，出现了经济滞胀，物价高速上涨，最终导致了经济危机的发生。

二、供给学派思想成为主流政策的时期

20世纪70年代出现了凯恩斯主义难以解释的滞胀现象，为了解决当时的经济发展问题，供给学派逐渐形成，新自由主义经济学正式出现，主要以欧美国家为代表的供给学派信奉萨伊定律，罗伯茨、拉弗、费尔德斯坦、蒙代尔等是供给学派的代表人物。供给学派指出供给是拉动经济增长的主要因素，经济主体会在经济利益的拉动下有所作为，自由市场能够发挥作用，主动调节生产要素供给和市场的需求。他们认为资本在供给中的核心地位值得人们重视，认可了萨伊关于供给会创造自己的需求的观点，认为经济下行的主要原因在于缺少足够的供给，生产效率没有得到提高。在市场资源配置的过程中，应该发挥政府的作用，但是政府仅仅扮演消除阻碍市场自由因素的角色。

供给学派肯定了货币价值稳定的重要性。他们指出，在通货膨胀的背景下，居民在进行消费决策的时候，货币价值稳定能够改变人们的决策倾向，货币价值的稳定程度与居民的储蓄意愿是存在正相关关系的，货币价值越稳定，人们越倾向于选择生产性投资而非投机性投资。另外，货币价值稳定对财政政策的实施也是有利无害的，能够保持社会的稳定，避免经济的大幅度波动。

财政政策措施主要从资本、劳动力等生产要素出发，增加政府供给，减少干预，鼓励人们储蓄和进行投资，竭力主张大幅度减税，在税收方面要求控制货币供给量的增长速度，稳定货币价值，提出了著名的税收和税率之间存在函数关系的拉弗曲线；但该学派并没有形成一定的理论和政策体系，只是学派的倡导者对于经济产生“滞胀”的原因及政策主张有些共同的看法（王声啸，2016）。

三、里根经济学和撒切尔主义时代

20世纪70年代，美国的通货膨胀率非常高，但是伴随而来的却是GDP的倒

退，当时的美国经济实际上是负增长的。里根总统上台后，提出了一系列“经济复兴计划”，主要采取减税等措施，大幅度减少政府干预，降低政府开支（杨鲁军，2009）。对于当时的美国和英国来说，供给学派的发展无疑是救世主，主要以里根经济学和撒切尔主义为代表。总体来看，里根经济学大获成功，政策实施使经济回归繁荣，“大稳健”时代来临。任何政策都是存在两面性的，我们不能只看到减税政策的积极影响而忽视了它的副作用。从积极角度来看，减税政策帮助美国摆脱了滞胀的尴尬局面，实现了一定时期的稳定和经济的平稳发展；从消极角度来看，政府财政收入被大幅度削减，财政赤字扩大，政府债务急剧增加。

撒切尔主义强调结构性改革，英国持续保持高通胀率，CPI 一度飙升至 25%，GDP 同样出现了负增长，在改革之前也存在和美国相似的经济形势。并且英国经济还有自身的显著性问题，即政府干预过度、国有企业过多、庞大的工会力量等结构性问题。1979 年撒切尔上台后，面对如此高的通货膨胀率，采用供给学派的主要观点。首先是紧缩货币，减少货币的供给量以控制通货膨胀，接下来强势采取政府减税，减少企业原先应该缴纳的税种，减轻企业在税费方面的经济压力，减少政府干预，增加供给活力，废除了物价管制等措施，推出国有企业的私有化改革进程。经过一系列的配套改革，经济触底反弹，英国的恶性通货膨胀得到扭转，各主要宏观经济指标波动率回落，撒切尔的结构性改革对于英国经济发展的作用是决定性的，从某种程度上来说，是英国经济的“救世主”。

第二节　国内供给侧结构性改革理论的新进展

一、关于“供给侧”“出版+供给侧”的文献检索综述

自 2015 年 11 月首次提出“供给侧结构性改革”以来，有关供给侧结构性改革的研究文献呈现爆发式增长。文献形式多表现为图书、报刊文章、研究报告、科研课题、科研论文、博硕论文。其中以学术期刊论文的研究最多，体现的研究水平更高。以中国知网为例，用关键词“供给侧”查询，出现海量文章，发表时间集中在 2015 年以后。其中 2015 年 436 篇，2016 年 14 865 篇，2017 年 18 372 篇，2018 年 12 096 篇（表 2-1）。这些研究报告主要从中国经济新常态的实际出发，广泛借鉴发达国家相似发展阶段的经验和教训，提出了日益系统和丰富的中国供给侧结构性改革的理论逻辑和政策架构，给出了诸多具有中国特色的供给侧结构性改革的实施路线图。

表 2-1　2014—2018 年关键词“供给侧”“出版+供给侧”文献检索数量　　单位：篇

时间	“供给侧”文献数量	“出版+供给侧”文献数量
2018 年	12 096	38
2017 年	18 372	40
2016 年	14 865	37
2015 年	436	1
2014 年及以前	77	0
总计	45 846	116

张五常是我国供给侧结构性改革研究的先行者。在 2008 年全球金融危机爆发初期，张五常指出当前经济问题的解决思路应该是刺激供给的增长而不是鼓励内需。在当时，供给侧的理念还没有正式被提出，直到“新供给”理论正式在学界出现后才开始被人们接受。“新供给”的本质是对中国式“供给学派”的简称。我国报刊上最早出现“供给侧”一词的文章是 2008 年 4 月发表在《中国经济时报》上的《供给侧食品等消费价格的上涨及其治理思路》。2010 年发表在《中国证券报》上的《供给侧激励措施亟待明确》则是关于电动汽车充电设施产业发展的政府支持和优惠政策的一篇采访报道，见表 2-2。

表 2-2　中国知网中最早出现“供给侧”一词的文献

序号	文献名	作者	报纸	发表时间
1	供给侧食品等消费价格的上涨及其治理思路	周天勇	中国经济时报	2008-04-07
2	供给侧激励措施亟待明确	邢佰英	中国证券报	2010-01-26

2012 年年底，滕泰在《新供给主义宣言》中指出，要想使我国经济取得可持续的发展，扭转经济态势，就必须从供给的角度入手，转变需求管理的传统观点，推动供给侧结构性改革。次年，民间智库组织华夏新供给研究院正式成立，许多当时在经济领域有着重大影响并享有盛誉的学者参与其中。以贾康为代表的我国新的一批供给学派学者通过研究发布了一系列理论成果，并明确指出，我国实现经济改革发展的出路是新供给经济学。由于西方国家在这一方面的研究历史较悠久，成果较丰富，因此学者们对供给学派、凯恩斯主义与非凯恩斯主义的相关理论成果和具体政策进行总结分析，从其所产生的两面性影响出发，在把所掌握的理论性知识与制度经济学、发展经济学等学科相互融合的基础上，从我国的

基本国情和发展实际出发，结合我国的发展需要和现代化进程，提出具有较高实用价值的“新供给经济学”理论认识框架。学者们提出的理论框架强调机制创新的重要性，认为应该以机制创新为杠杆着力点，不断推动结构优化，从供给角度出发，展开新一轮改革，尽可能避免“滞胀”“中等收入陷阱”等问题的出现，争取实现新一轮经济现代化程度的提升和可持续健康与质量提升并存的发展模式。

2013 年 10 月，国内学术圈第一次出现了关于供给侧的研究成果。刘霞辉的文章《供给侧的宏观经济管理——中国视角》发表于权威期刊《经济学动态》；几乎同时期《经济参考报》发表了《财政部财科所所长贾康：未来改革应从供给侧入手》的专访。这些文章开启了国内供给侧研究的先河，见表 2-3。

表 2-3　中国知网 2013 年第一批涉及“供给侧”研究的文献

序号	文献名	作者	期刊/报纸	发表时间
1	放松供给约束　解除供给抑制	姜欣欣	金融时报	2013-07-15
2	财政部财科所所长贾康：未来改革应从供给侧入手	金辉	经济参考报	2013-10-10
3	供给侧的宏观经济管理——中国视角	刘霞辉	经济学动态	2013-10-18
4	需求侧供给侧融合推进成焦点	胡虎	人民邮电报	2013-10-25

关于供给侧结构性改革的文献观点从理论基础、内涵、必要性和与需求侧改革的关系四个方面进行综合论述。

二、国内供给理论基础性研究的进展脉络

国内外学者对于经济发展模式、供需关系等方面的研究历史悠久，持续时间长，已经取得了比较丰富的理论成果，在实践中也得到了一定的检验。学者从经济增长理论、交易成本理论等入手，试图找到“供给侧”改革的理论依据，以奠定坚实的理论基础。王一鸣（2015）在研究供给侧结构性改革的过程中将经济增长理论作为理论依据。他指出供给侧结构性改革的重点在于将经济的发展和要素生产效率的提高从依托扩大劳动和资本的投入规模转变为技术的创新来实现。贾康（2014）认为理性预期失灵可以通过提升供给管理水平来扭转。滕泰（2015）、沈建光（2015）和陈宪（2015）等学者对“供给侧”改革的制度依据进行了深入的研究后，指出“供给侧”改革的依托为制度经济学理论，与此同时，应该同教育、财税、金融等各个方面的体制改革加以配合。贾康（2015）经

过调研后，进一步完善了自己的观点和理论，认为“供给侧”改革是建立在发展经济学理论基础上，通过不断创新，从而实现系统化、具有创新性的改革思路。徐林（2015）则将“供给侧”改革与交易成本理论相结合，指出通过降低企业制度性交易的成本，减轻企业的压力和负担，能够大大提升资金的供给效率。刘鹤（2015）、邵宇（2015）指出要想扩大实体经济的规模，实现健康、可持续的发展，平等健康的市场环境是必不可少的，而市场环境的稳定离不开产权保护意识的提升和金融相关法律规章的完善。

综上所述，“供给侧”改革所涉及的理论是多方面的，其改革路径的形成和实施离不开众多经济理论的支撑。学者们的观点虽然各异，但是对“供给侧”改革属于经济结构调整范畴的观点是一致的。

在西方经济学中，“供给学派”的出现是有一定历史背景的，当时，西方发达国家的经济状态非常不健康，呈现了高通胀、低增长的状态。我国目前的经济状况与其有所不同，一方面并没有经历超高的通货膨胀率；另一方面，经济增长速度虽然相较之前有了大幅度下降，但是没有达到停滞的地步。供给学派面临的状况与目前我国的供需状态是有显著差别的。为了使经济摆脱当时的不健康状态，供给学派主张私有化、减税、紧缩货币等。但是，根据发展实际，我国的供给侧结构性改革所要达到的目的是提升企业生产效率而不是绝对地私有化。其中，降低企业成本、提升企业生产效率的途径包括降低制度性交易成本、减轻税费方面的负担、减少物流成本等，所包含的范围比西方国家当时的减税要广泛得多。

三、关于中国供给侧结构性改革的理论探讨

以前我国经济宏观调控的重心大多放在扩大内需上，旨在通过刺激需求来促进经济的增长。随着时代的变化和世界经济形势的转变，这种宏观调控的方式逐渐不再适应现实的需要。渐渐地，决策者发现，我国经济宏观调控的重心不能再全部放在需求方面的调整上，要开始着手供给侧结构调整。我国经济的转型关键在于转变以往价值链大多处于低端的状态，逐渐向中高端转移，转变产业发展所留下的低质量印象，逐渐提升经济效益，形成核心竞争力。许多学者在“供给侧”改革的内涵上达成了共识，认为“供给侧”改革只将经济发展的着力点放在供给上，从生产端入手，提升综合竞争实力，促进经济的可持续发展。换言之，就是通过创新，提升产业发展的质量，提高生产效率，实现经济发展转型。李稻葵（2015）指出，“供给侧”改革的核心和关键在于通过减轻企业税费压力，减少交易成本，提高经济供给能力，优化生产效率。李稻葵是从提高要素效

率、降低成本及增加投资的角度来解释的。林毅夫（2015）指出我们在进行改革的过程中要充分借鉴西方国家的历史经验，但是不能照搬照抄，要充分研究，形成真正适合我国经济实际的“供给侧”改革理论。林毅夫的观点是从我国国情出发，认为“供给侧”改革理论必须充分考虑我国的经济发展特点。吴敬琏（2015）指出“供给侧”改革不能只着眼于眼下的经济发展，要站在更高的角度，用更长远的目光去考虑问题。贾康（2015）开辟了新的视角，从改善“供给侧”环境和机制角度进行了研究。李佐军（2015）坚持只有处理好市场调整和政府干预的关系和程度，才能真正推动“供给侧”改革往纵深发展。潘建成（2015）指出“供给侧”改革必须高度重视生产要素的供给，将提高生产要素利用效率摆在重要的位置。刘鹤（2015）、巴曙松（2015）、刘世锦（2015）、吴庆（2015）等学者主张尽快形成产业的核心竞争力，提升综合实力，淘汰过剩产能，提高生产效率。潘向东（2015）、刘亮（2015）、朱海就（2014）等学者认为在“供给侧”改革过程中，大型国有企业和垄断行业是需要重点关注的对象，也是阻碍“供给侧”改革推进的主要因素。学者们的观点大多从生产要素的角度出发，对“供给侧”改革进行了深入分析。学者们的分析涉及经济发展的方方面面，但是关于“供给侧”改革仍有待进一步深入，后期应该着重分析中国供给侧改革中，决定“供给侧”改革的内涵、外延和成因的产业结构和技术创新。

学者在进行研究的过程中各有侧重点。厉以宁（2015）认为，供给侧调整应该从三个方面的内容着手，包括部门结构、区域经济结构及技术结构的调整。李佐军（2015）指出，我们在结构性改革的过程中要有计划性，按照改革的目标，突出重点，既要明确先改什么，后改什么，又不能忽视在实践的过程中可能出现的一些多个领域交织的结构性问题。潘建成（2015）从企业的角度出发，认为企业应该将创新摆在发展的首位，不断推进产业结构升级，通过降低企业成本和税费压力等方式展开改革。李稻葵（2015）用全局性的眼光看待问题，认为经济整体是有极大的发展潜力的。姚景源（2015）主张把更多的注意力放在平衡消费结构上，要抓住需求，尽可能实现供需平衡。随着社会经济的发展和时代的变迁，消费结构升级的趋势已经变得非常明显，新的消费模式开始涌现，如信息消费、健康消费等。经济增长的驱动点开始变化，正在由主要依靠消费和出口需求驱动向满足多样性需求转变。陆铭（2015）指出我国目前仍然处在社会主义初级阶段，发展中国家的性质没有改变，且正处于转型的关键时期，经济结构的调整是一个长期的过程，不能操之过急。目前，结构调整的重点应放在供给上，推动供给侧结构性改革，明确重点，以达到实现经济的平衡协调、健康快速发展。

四、关于中国供给侧结构性问题的深入剖析

中国是制造业大国，是世界工厂，商品极大丰富，但是国人境外消费热情持续高涨，“爆买”马桶盖、净化器、奶粉……联合国世界旅游组织发布的报告显示，自2012年中国成为全球最大游客来源地，2016年中国大陆游客赴境外旅游的游客数量增加至1.35亿人次，境外消费总额达到2610亿美元（1美元约合6.8元人民币），较2015年增加110亿美元，同比增长了12%。大量产品产能过剩成了重大包袱。从2014年起，中国经济整体走势放缓，结构失衡、供需错配的深层问题并非有效需求不足，实则是有效供给不足。在目前形势下，我们要双管齐下，但是也要懂得抓住重点，要将改善供给作为主攻方向。

经济表象体现：需求不足。自2015年年初以来，为了扩大内需，刺激需求，中国人民银行连续5次降低基准利率，降低存款准备金率；多部门联合出台政策推动扩大基建项目规模，但是取得的效果仍然不是特别明显。外需不足、内需潜力有限的问题没有得到根本性的解决。迟福林（2015）指出长期以需求为重点的宏观经济调控使得我国供给和需求长期处于不平衡的状态，创新性消费得不到满足也是提出“供给侧”改革的直接出发点。张泰（2015）在研究中发现，需求侧管理存在一定的局限性，一些经济结构性问题的解决是其明显短板。李稻葵（2015）指出我国的经济现状是需求不足和产能过剩并存的。刘伟民（2015）对李稻葵所提出的观点进行了验证，认为外需减少、内需涌向国外是产能过剩的主要原因之一。刘邵宇（2015）指出我国长期依靠投资出口，忽视消费的不合理经济结构催生了供给侧结构性改革。综上所述，单纯的刺激政策和政府对经济大规模直接干预的增长是不健康的发展模式。这种方式在短期内可能取得一定的效果，但是，从长远来看，是行不通的，建立在资源消耗和环境污染基础上的经济发展是不健康的。我国经济结构改革必须落脚到提升经济增长的质量上来，而不是单纯地以GDP的总量增长为目标。

经济实质体现：供需错配。我国目前的经济结构存在需求不足和需求外溢明显的矛盾。随着我国居民的消费方式升级，在海淘和境外消费的总量逐年上升的同时，需求有了明显的升级趋势。生活水平的不断提高改变了人们的生活方式和思维模式，人们的消费开始向绿色、时尚转变，更加注重品质。从供给侧的角度看，我国部分产业层次较低的长期现状造成目前的经济结构存在低层次产业产能过剩以及中高层次产业产能不足的矛盾。李稻葵（2015）认为我国的供给存在较大的缺口，不能满足人们日益增长的需求。姚景源（2015）认为我国大量消费者

涌向国外，境外消费大量增加的主要原因是我国产品质量还不够高，产品创新性有待进一步提升。邵宇（2015）通过研究发现，我国的消费结构存在比较明显的问题，服装、玩具等传统的中低端产业供给过剩严重，高品质的消费产业很少，满足不了人们消费模式的转变。综上所述，我国经济存在的主要问题不是短期需求不足的问题，而是供给的问题。种种现象表明，我国经济的问题不能再依靠刺激需求来解决，长期的经济结构转型及产能过剩压力的缓解要从供给角度入手来解决，因此，不断推进供给侧结构性改革是唯一出路。

五、关于中国供给侧改革与需求侧改革的关系探讨

根据西方国家经济理论的发展及政策的变化，到底应该以需求还是以供给为侧重点是需要根据当时的经济实际状况和问题症结所在进行选择的。学者们普遍认为，供给和需求是紧密联系、不可分割的，抛开任何一个方面单独进行研究都是不科学的，是片面的。刘亮（2015）曾提出一个有趣的比喻，他认为需求侧改革好比“西药”，一般会在短期内看到明显的效果，供给侧改革好比“中药”，见效比较慢，但是有利于长远的发展和病情的根治。目前，我国经济进入了新常态，应该需求和供给并重，“中西结合”达到良好的疗效，促进经济的健康发展。许小年（2015）赞同供给和需求是经济分析中通常出现的观点。他认为“需求经济学”和“供给经济学”是同等重要的，在经济改革中的地位是平等的。许多学者在研究的过程中不会单独研究供给或者需求，通常是将两者结合起来。滕泰（2015）看到西部投资的巨大潜力和民生改善的广阔空间，在重视供给侧改革的同时，不能完全置需求领域于不顾。黄汉权、盛朝迅等（2015）在总结美国相关经验后，结合我国实际需求，指出我国在化解产能问题的过程中要将需求和供给结合起来考虑。我国目前存在需求不足和产能过剩的矛盾，应该将供给侧和需求侧综合起来考虑，从而有效解决产能过剩的问题。苏剑（2015）从宏观经济政策方面进行研究，主张建立一个全新视角的宏观调控体系，对过去一元的需求管理政策体系进行改造升级，逐渐形成需求与供给并重的二维政策体系。刘伟（2015）、苏剑（2015）指出供给管理政策固然重要，但是也不能放弃需求管理政策和供给管理政策结合的原则。徐策和王元（2015）也对学者们的观点表示赞同，认为需求管理和供给管理应该协调、配合，共同发力，避免出现政策间效应抵消、效应叠加等现象，造成政策实施力度过低或过高。综上所述，供给侧和需求侧不存在谁更重要的问题，两者在经济改革中的地位是同等重要的，目的是一致的，最终都是为了达到供给与需求的动态均衡。

总的来说，供给学派经济学政策与理论均主张“大市场小政府的理念”，特别注重结构分析、供给分析、制度分析和政府作为分析，在市场的主体方面积极寻找途径激发供给的潜能和活力。与传统供给经济学不同的是，新供给经济学认为供给在一定条件下才能创造需求，没有创造自发需求的能力。新供给经济学的实质是对经济结构的改革不仅是对其进行调整，还要通过结构性改革创造条件，放松供给抑制，解除供给约束。

中国新供给经济学吸收了供给学派在实践中的成果的同时，还弥补了供给学派的不足。一方面中国新供给经济学认为市场在资源配置方面的决定性作用应该始终坚持不动摇，同时也不能忽视政府干预的重要性；另一方面由于社会制度的不同及历史发展路径的差异性，中国新供给经济学与西方供给经济学是存在明显差异的。美国的供给经济学主张减税，英国的供给经济学主张私有化，但是我国的新供给经济学主张“八双”“五并重”❶。这是一种全新的制度创新，符合我国的经济发展实际。供给侧结构性改革主张从供给的角度出发，以需求为目标，创造新的经济增长点，主张进一步解放生产力，提升创新性，改善供给结构，使供给与需求达到一定的平衡。在今后的经济发展和改革过程中，应该将目光放在新兴领域和创新领域，注重经济增长质量的提高，不放松数量的增加，保证经济发展保持平稳。供给侧结构性改革所带来的不仅是理论上的创新，还有制度和体制机制的创新。

第三节　出版产业供给侧结构性改革的相关研究

自2015年以来，出版产业供给侧结构性研究的文章仅有85篇，相比经济学领域研究供给侧结构性的文献，数量非常少。这显示了新闻出版产业在此研究领域的薄弱性、紧迫性。通过已有资料的梳理，目前出版产业供给侧结构性改革的研究成果主要集中于以下几个方面。

---

❶ “双创”（走创新型国家之路和大力鼓励创业）、“双化”（推进新型城镇化和促进产业优化）、“双减”（实施以结构性减税为重点的税费改革和大幅减少行政审批）、“双扩”（扩大中国对亚非拉的开放融合，以及适度扩大投资规模）、“双转”（人口政策逐步转向适当鼓励生育，促进国有资产收益和存量向社保与公共服务领域的转置）、“双进”（国有、非国有经济共同进步实现共赢）、“双到位”（促使政府、市场双到位地良性互动、互补和合作）、“双配套”（实施新一轮“价、税、财”配套改革和金融配套改革）。“五并重”是五年规划与四十年规划并重、法治经济与文化经济并重、海上丝绸之路和陆上丝绸之路并重、柔性参与TPP与独立开展经济合作区谈判并重、高调推动国际货币体系改革与低调推进人民币国际化并重。

一、有关新闻出版产业供给侧结构性改革意义与作用的研究

进入“十二五”以来，受到纸质出版物增速下滑的影响，新闻出版产业的增长速度出现了明显的下滑趋势，各项经济指标的状况都不乐观，大多呈现下滑趋势。如果不针对这一情况及时提出解决措施，新闻出版产业增速将进一步放缓，这样的现状与发展趋势对于行业的发展是非常不利的，不利于我国文化强国战略的推进与实施。因此，寻求新闻出版改革产业发展的新源泉、新动力势在必行，刻不容缓（魏玉山，2016）。从新闻出版行业来说，供给侧结构性改革的目的主要是适应人们不断变化的阅读需求，为读者提供高质量的优秀读物，不仅要有一定数量规模的品种，更需要的是呈现高质量的精品力作，出版业要满足市场需求的畅销作品，要满足精神文化需求的经典品牌，实现两个效益。对于出版业来说，其供给侧结构性改革必须实现出版物供给结构和出版资源的配置方式的平衡。如何生产和传播优秀的内容、如何精准对接市场、如何既提高出版效率又提升出版质量、如何推动出版创新业态、如何实现融合发展等一系列亟待破解的难题（杜贤，2016）。

二、有关新闻出版业供给侧结构性问题的相关研究

由于产能过剩、有效需求不足、资源配置不合理等问题的存在，供需错位已成为我国经济持续发展的瓶颈。我国 2015 年出版图书 47.58 万种，虽然品种数量居世界第一位，但有一些书到了书店以后根本没有上架，甚至没有打开包就被退回来了，变成死库存（樊希安，2016）。原创图书的质量还有待进一步提升，公开出版的图书从数量上看并不少，但是真正经典、产生深远社会影响的非常少，拥有世界影响力的更是屈指可数。纵观各个渠道公布的图书销售排行榜，排在前面的多数是熟悉的面孔或者国外书籍。2015 年，相关机构曾针对全国实体书店展开抽样调查，结果显示，大部分的大型书店中，动销率❶普遍较低。最高的不过 40%，还有大量低于 20% 的情况存在（张文忠，2016）。这种情况造成的直接影响就是图书库存的大量增加，其中包括合理的备货及大量滞销的图书。随着出版企业与市场之间的矛盾不断激化，出版业过剩产能成为制约出版业转型的一大问题，巨量库存危及整个出版行业，因此有的出版企业已经陷入困境（何显，2016）。部分纸质媒体，包括报纸期刊，长期以来以自我为中心，脱离市场

---

❶ 商品动销率 =（动销品种数/仓库总品种数）×100%。

的需求和受众关心的问题，选题冷僻，刊登的大量内容缺乏新闻价值，内容缺乏创新性和实效性，大大减少了期刊和报纸的发行量（张银平，2016）。我国在新媒体与数字阅读方面的发展跟不上时代的变化，满足不了人们快速增长的阅读需求。智能手机的普及直接带来的是数字化阅读需求的急剧增加，可以预见的是，在未来，数字出版的重要发展方向是数字内容的增值服务。目前我国出版业的主体技术能力明显不足（杨祖增，2016）。另外出版单位不愿意打破传统的运营模式，不愿意在数字化出版上进行投入。目前，新闻出版单位陷入了一个比较尴尬的状态，市面上的大部分阅读客户端的开发者是第三方单位，出版单位的优质内容部分被无偿使用（魏玉山，2016）。

三、对出版产业供给侧结构性改革的对策研究

“去产能、去库存、去杠杆、降成本、补短板”，构成当前供给侧结构性改革的重点任务，包括处置僵尸企业、防控金融风险、降低企业成本和补充供给短板等。对出版产业供给侧结构性政策的研究也是围绕这几方面展开的。

（一）有关“去产能”的对策研究

出版业需要寻求对图书产品结构的转型或升级，应压缩图书产品的品种和数量，从而提高图书质量（樊希安，2016）。从供给需求的角度，一方面要了解不同读者群多样化的需求，从读者的需求出发策划选题，对于选题源头的优化、精简、精准，关键在减少选题品种、去掉多余选题产能、提高创新性、实现数量规模向质量效益的转变，从而提升选题策划水平，提高选题质量，要从读者的角度出发，读者的喜好代表市场的需求，应该提供给读者真正需要的出版物；另一方面，内容和形式的创新也不能停下脚步，必须持续推进，不断看到读者的潜在需求（张文忠，杜贤，2016）。从产品结构的角度，一方面应根据国家的大局调整，必须坚持政治、行业、改革、质量、创新等正确导向，从宏观角度去产能，从图书“高原”导向图书“高峰”；另一方面则是积极面对市场，围绕市场调整，进行创新推动选题结构性改革、产品结构性改革、生产结构性改革、业态结构性改革、营销结构性改革、市场结构性改革和产业结构性改革（樊希安，2016）。

（二）有关“去库存”的对策研究

有些学者认为出版产业可以通过利用专业系统，制定合理的制度提高选题决策的科学性，从源头防范库存风险（童健，2016）。另一些学者认为首先要分析

产业的活库存和死库存，对于活库存进行创新优化，对死库存作出合理的处理，分辨出“优质库存”“有效库存”“无效库存”“僵尸库存”，对这四种库存做加、减、乘、除法，以实现“有效库存”。减法是减去没有价值的“僵尸库存”；除法是在“无效库存”中选出有市场价值、有潜力销售的库存，转“无效库存”为“有效库存”；加法则是增加有市场价值、营销价值、学术价值的选题，形成有数量规模、有质量的“有效库存”；乘法需要编辑从选题、策划、生产、投放、营销每个环节做到精准，不断增加“优质库存”，以乘法叠加的模式实现“优质库存”最大化（杜贤，2016）。

（三）有关“去杠杆”的对策研究

去杠杆的目的是对机制体制进行调整，把制约发展速度和约束发展效率的条条框框去除，把妨碍生产力发展和创新力迸发的桎梏打碎。通过创新机制完善体制、优化人力资源结构、激活思想创新理念、鼓励创新、宽容失败等一系列有力措施，充分解放生产力、激活创新力，寻找那个翘起出版社创新发展重任的支点，实现供给侧结构性改革发展（何华征 等，2016）。

（四）有关“降成本”的对策研究

杜贤（2016）认为对于出版业降低成本要做到两点：一是精细做好科学预算、成本预测、利润测算等；二是精细化、扁平化管理，从数量化发展转换为质量效益化。朱同芳（2016）认为，应主抓降低图书产品的生产成本，可以通过使用新技术、新工艺降低印刷成本，使用现代企业管理机制降低人力成本，从而强化成本核算，在产供销等各个环节都不能松懈，提升管理水平。举例来说，可以将生产成本逐一细化，将各项费用详细罗列后，融入单位产品成本中，变成本的静态控制为动态控制，要实行成本目标管理与经济责任制相结合。

（五）有关“补短板”的对策研究

出版业首先需要找到短板，以弥补不足的方面，全方位发展自身的能力。在数字出版技术方面，传统出版业必须保持开放的心态，不断强化借力发展意识，在大数据背景下，采用各项新兴技术，实现出版方式的更新换代，加强对技术的研发和应用实践（杨祖增，2016）。加快传统出版同新兴出版的融合，推动两者的共同发展，加强出版内容传播力和影响力建设，扩大优质文化和服务覆盖面，提高出版效能（童健，2016）。

（六）其他对策研究的观点

还有一些业界专家站在不同的角度，对推进新闻出版业供给侧结构性改革提出了对策。王涛（2016）认为出版业供给侧结构性改革的关键是提高编辑含量。周炜（2016）认为，应利用大数据进行科技图书出版的供给侧结构性改革。钟佐彬（2016）认为出版企业是出版行业的微观组成，出版行业的供给侧结构性改革也势必由出版企业来完成，而全面预算管理作为企业内部资源管理的有效工具，为出版企业进行供给侧调整提供了方法。王关义（2017）认为：政府部门提供较为完善的市场和法律环境供给，为出版业供给侧结构性改革提供保障。魏玉山（2016）认为：根据不断变化的市场需求，在专业化、分众化角度，增加报刊资源的供给。徐庆群（2016）认为读书会是出版行业面向公众营销的新窗口，打通了读者与出版社、作者与读者长期沟通的壁垒，将是打开出版行业供给侧结构性改革的钥匙。

四、出版产业供给侧结构性改革研究述评

总体来看，有关新闻出版业供给侧结构性改革的相关研究论文数量少，研究基础薄弱，能基于新闻出版实践结合供给侧结构性改革提出系统的思路，但尚有两方面不足：一是针对图书出版的研究比较多，针对报纸、期刊、印刷复制等的研究内容较少；二是现有的研究大多缺乏基于经济学的理论框架，特别是从新常态背景下出版产业结构性问题的视角整体分析研究的比较稀缺；三是从解决新闻出版行业结构性改革的具体问题来看，绝大多数研究成果或者过于宏观和理论化，或者更多地关注经济体制改革，主题趋同；四是出版产业供给侧结构性改革的终极目的是出版产业在以信息革命、大数据技术为引领的“新经济”背景下的产业结构升级，是2020年实现全面建成小康社会、2050年人均国民生产总值达到中等发达国家水平进程中高质量发展的必由之路。

目前来看，出版产业供给侧结构性改革的理论研究在行业结合性和政策的操作性方面远不能满足要求。“十三五”乃至更长一段时间落实供给侧结构性改革的步伐，以及系统提升该产业供给侧结构性改革研究的任务十分紧迫。

第四节　指导本书的理论基础

在广泛学习和吸收供给侧相关理论成果的基础上，本书研究的理论架构建立在新古典经济学六个理论基础上：产业结构演变理论、国际分工与国际贸易理论、发展阶段理论、创新理论、媒体融合理论、传媒内容监管理论。

一、产业结构演变理论

伴随着经济全球化的推进和发展，产业结构在纵向上不断由低级阶段向较高级阶段转变，在横向上不断从简化向复杂演变。这两个方面的演变，不断推动着产业结构的变动，并实现合理化发展。

（一）产业结构演变理论概述

配第-克拉克定律。经过深入的研究，配第和克拉克发现以下规律：经济的发展和国民收入水平的提高与就业人口的转移之间存在一定的规律。就业人口会首先向第一产业转移。随后，当人均收入得到进一步提升后，会大量向第三产业转移。人们将这一现象称为配第-克拉克定律。

库兹涅茨人均收入影响论。在配第和克拉克的研究基础上，库兹涅茨展开了收入影响论的研究，该研究成果是对以上两位学者研究的延伸。他以人均 GDP 份额基准为基础，对就业人口结构变化规律和对总产值变化规律进行研究，指明了产业结构变化的总方向。库兹涅茨的研究是对配第-克拉克定律的证实和补充说明。他发现了产业结构的变化与人均国民收入变化是存在关联性的，后被称为库兹涅茨的人均收入影响理论。

经济成长阶段论和主导产业及其扩散效应理论。20 世纪 60 年代，华尔特·惠特曼·罗斯托（Walt Whitman Rostow）在其著作《经济增长的阶段》中，第一次提出了这一理论。按照科学技术的发展阶段和生产力水平的变化，经济增长过程可以分为五个阶段，从传统社会到准备起飞，起飞后走向成熟，并最终稳定在高额大众消费阶段。随着研究的不断深入，在其《政治与成长》一书中，罗斯托增加了一个阶段，即“追求生活质量”。罗斯托认为，起飞阶段是经济成长的关键阶段，是经济发展从不发达转为发达的过渡阶段，通常伴随着生产方式的变革，是工业化和经济发展的快速挺进时期。罗斯托在其著作中对这一阶段进行了深入全面的分析。罗斯托的经济成长阶段论也叫起飞理论，是以世界经济发展经验和历史作为支撑的，强调了国际贸易在国家经济发展中的重要性。对于经济发展相对落后的国家来说，具有较强的参考价值，影响深远。但是，他的研究也存在一定的局限性，他提出的经济成长阶段论是线性的，对未来的经济发展阶段没有进行周期性的预测，对发达的国家和经济规模较小的国家不具备有效参考价值。

（二）产业结构演变理论对本书的指导

产业结构演变理论是论述出版产业结构变动、出版产业在国民经济中的地位、出版产业转型升级的理论基石。在本书第三章到第六章均有涉及。其中，绪论部分在介绍了选题背景与研究意义后，从全行业面临的发展困境入手，梳理出版产业供给侧结构性改革所面临的问题、改革的迫切性。基于我国出版产业结构调整变迁的历史数据，运用时间序列模型，这部分研究对我国出版业增长变化的主要影响因素进行了系统分析。第三章重点分析了出版产业的特征及地位，从意识形态属性和商品属性的角度对出版产业展开深入剖析，梳理了出版产业管理机构和职能的变迁；最后，对出版产业在国民经济中的贡献和地位进行了数量评估。

二、国际分工与国际贸易理论

国际分工是区域之间经济联系的一种形式。由于地理、历史等各个方面的原因，各个国家的经济发展条件和基础是存在明显差异的。在现实生活中，资源和要素是不可能实现完全自由流动的，各个国家在经济交往中必须从自身的生产、生活等需求出发，以提升经济效益为主要目的，选择适合自身发展的优势产业，逐渐形成区域分工。

（一）区域分工与国际贸易理论理论概述

绝对优势理论。在19世纪中后期，亚当·斯密的《富国论》正式出版发行，这是在世界经济史上有着重要影响的著作。亚当·斯密的绝对优势理论是在对国际分工和经济发展之间的关系进行系统研究的基础上提出的。其主要观点可以总结如下：不同国家和地区拥有的资源是不同的，因此，各个国家和地区在不同产品或者产业上拥有不同的优势，假如是同一产业，差异就体现在成本上。亚当·斯密的绝对优势理论表明，贸易可以让各个国家和地区都按照最低成本的原则进行生产，最终实现共赢。

相对优势理论。大卫·李嘉图提出并阐述了比较优势理论，形成著作《政治经济学及赋税原理》。由于资源的不平等性及经济发展的差异，国家与国家之间的劳动生产率差距在不同商品之间是不同的。在产品生产中具有绝对优势的国家和地区可以选择只生产和出口其优势最大的商品，并不需要生产所有商品。劳动生产率处于劣势的一些国家和地区，不是什么都不生产，可以选择生产劣势相对不明显的商品。如此，在国际分工和贸易中，这些国家和地区双方都能实现利益，增加经济收入。长期以来，比较优势理论已成为指导国家或地区参与分工的基本原则，并得到许多经济学家的进一步阐述和发展。

（二）区域分工与国际贸易理论对本书的指导

区域分工与国际贸易理论对本书的直接指导体现在出版业走出去，出版业参与"一带一路"等章节的内容。虽然我国是世界第二出版大国，但是我国出版产业是典型的内需拉动型产业，进出口贸易对产业的拉动几乎可以忽略不计。因此，出版产业的短板之一，就是对外贸易，尤其是出口贸易。我们多年的出版对外贸易，几乎都是严重的逆差。这和我国经济在世界上所处地位严重不匹配，与世界第二出版大国严重不匹配。因此，我们研究出版产业进一步发展、高质量发展，对外贸易就是一个重要的战略。我国是世界第二出版大国，远远不是世界出版强国，并不能阻碍我国成为出版贸易大国、出版贸易强国。依据大卫·李嘉图的相对优势理论，中国一样可以找到贸易对象。充分依托国家文化强国战略和"一带一路"倡议，拓宽出版业高质量发展的外延和内涵。区域分工与国际贸易理论在本书第六章第四节充分展开，从国际化角度论述了加快拓展国际化发展空间，内外兼顾，助力"一带一路"总体规划的途径。

三、发展阶段理论

（一）发展阶段理论概述

钱纳里工业化阶段理论。钱纳里对制造业开展了深入研究，经过长期的观察，钱纳里总结了产业关联效应，该理论为制造业内部的结构变动趋势理论奠定了基础。钱纳里认为制造业的发展可分为三个时期：初期、中年期和后期。根据不同的发展时期，可以将制造业分为三种不同类型的产业。

霍夫曼定理。德国经济学家 W. 霍夫曼通过对当时近 20 个国家的时间序列数据的统计分析，提出著名的"霍夫曼定理"：霍夫曼比例是指消费资料工业净产值与资本资料工业净产值之比。随着一国工业化的进展，霍夫曼比例出现不断下降，呈现负相关关系。

（二）发展阶段理论对本书指导

根据发展阶段理论论证出版产业内部各子产业的地位和作用的变动，剖析出版企业内部结构变化的原因，即产业间存在产业关联效应，本理论为了解出版产业内部的结构变动趋势奠定了基础。为更好地说明本书研究依托的理论基础，第二章梳理了供给学派演进的三个阶段、国内供给侧结构性改革理论的新进展、出版产业供给侧结构性改革的研究进展。第四、第五两章，重点研究中国出版产业的现状、问题和以高质量发展为核心的供给侧结构性改革的方向。其中，第四章基于2009—2017年《中国新闻出版统计资料汇编》和同期《中国统计年鉴》，运用多种数量分析工具，对出版产业的历史、现状和问题进行客观分析。虽然出版产业总体保持高于国民经济增速的快速增长态势，各子行业加快轮动，但出版产业结构失衡、与新经济的融合与创新滞后、体制机制等问题日益突出，正成为制约出版产业可持续发展的主要障碍。针对这些问题，第五章作为本书的重点，对出版产业高质量发展的内涵、高质量发展的影响因素作出明确定义，并从产品、企业、产业、服务和产业组织结构五个方面提出出版业高质量发展的方向，以及相应的供给侧结构性改革的重点任务。

四、创新理论

（一）创新理论概述

创新理论是1912年约瑟夫·阿洛伊斯·熊彼特在其著作《经济发展理论》中提出的经济学理论。书中指出，经济发展的原动力在于创新，熊彼特认为创新是推动经济增长最核心的动力，“创新是资本主义的永动机”。他认为市场经济背景下应当“破字当头”，只有不断将各种陈旧的观念、产品“打破”，让各种具备创意的新的观点、理念产生与发展，才能够带来创造力，推动经济发展。熊彼特将创新视为经济发展过程中最本质的现象，而不同类型、不同程度的创新又会对经济的发展产生不同形态的影响，进而推动不同经济周期的产生。经济周期的形成和产生是经济发展必然会形成的结果，而创新必然会带来新的价值。他将创新视为一种新的生产函数的建立，这会帮助企业完成利润的获取。在他的生产模式中，有非常重要的五个基本生产要素，即产品创新、市场创新、技术创新、新的资源的开发利用与组织管理创新。熊彼特在他的研究中最关注的是技术的创新，而出版产业是文化精神的内核，和创新更是密不可分。

（二）创新理论对本书的指导

创新理论在本书的应用：创新是出版产业转型升级和保持持续增长的基础动力，是新时代、新经济背景下出版业供给侧结构性改革的基本标志。出版产业总体保持高于国民经济增速的快速增长态势，各子行业加快轮动，融合创新成为主流发展特征，但出版产业结构失衡、与新经济的融合创新滞后、体制机制等问题日益突出，这些问题正成为制约出版产业可持续发展的主要障碍。针对这些问题，第五章作为本书的重点，对出版产业高质量发展的内涵、影响因素作出明确定义，并从产品、企业、产业、服务和产业组织结构五个层次提出出版业高质量发展的方向，以及相应的供给侧结构性改革的重点任务。本书第六章到第八章是对出版业供给侧结构性改革和高质量发展战略的进一步阐释。其中第六章，首先，加强高水平出版物内容创新和企业文化建设，高水平内容创新是出版攻坚战，版权资源市场化是改革的方向；其次，出版市场准入与退出机制是出版业市场化改革的关键；最后，探讨重构出版产业统计指标体系在产业巨变和改革过程中的重要性及设想。第七章，加快新媒体技术的融合与创新。“新经济”环境是整个世界面临的发展背景，目前已成为出版产业发展的直接驱动力量，催生众多出版新业态、新模式、新格局，为出版产业持续发展提供了无限可能。在此基础上，论述了融合、创新对传统出版产业的改造和升级。最后探讨了知识付费，这是互联网上媒体、出版和教育融合形成的新物种，基于电商平台和社交平台的成熟产生的新型互联网产品。对知识付费在未来知识技术层面颠覆出版业展开了分析论证。

五、媒体融合理论

（一）媒体融合理论概述

媒体融合的概念最早由美国马萨诸塞州理工大学教授浦尔完整提出，主要指媒介融合和资源整合。媒体融合的外在表现形式体现在媒介的融合上，即在新闻的采集、传播过程中，传统媒体广播、电视、杂志、报纸等与新兴媒体手机、平板、互联网等全方位合作，为传统媒体增加视觉效果，充分展现互联网媒体的优势，使公众从被动接受到高度互动，主动积极地参加评论，反馈自己的思想和意见，实现媒体产品从单一传输到双向互动，更好地增强公众的体验。[1] 资源的整

[1] 孟建，赵元珂．媒介融合：粘聚并造就新型的媒介化社会[J]．国际新闻界，2006(7)．

合分别体现在新闻资源整合、传播媒介整合、利益共享整合、合作模式整合等。在激烈的市场竞争中，融合媒体企业逐渐与传统媒体的优势互相整合，优势互补，共享资源和技术，抢占更多的市场份额。

从全球范围看，大规模的媒体融合已经成为一种必然趋势。媒体之间融合的主流形式表现为传统媒体报纸、电视台、电台和互联网站的媒介产品通过不同的平台传播给受众，衍生出不同形式的信息产品。

目前，媒体融合在实践中的组织机构变革、商业模式探索、用户需求、产品形态的重新塑造都处在不断探索和尝试之中。2014 年是我国媒体融合元年，到 2018 年初期，传媒产业在融合媒体背景下出现了诸多新业态，传媒产业新业态形成的原因，新业态的概念、形式等问题，受到学界和业界关注，需要积极探索和研究。

（二）媒体融合理论对本书的指导作用

媒体融合是出版产业在媒介急速变化时代转型升级和保持持续增长的必由之路，是新时代、新经济背景下出版业供给侧结构性改革的基本标志。媒体融合理论在本书的第七章加快新媒体技术的融合与创新充分展开。“新经济”环境是整个世界面临的发展背景，目前已成为出版产业发展的直接驱动力量，催生出众多出版新业态、新模式、新格局，为出版产业持续发展提供了无限可能。在此基础上，论述了融合、创新从深层次对传统出版产业的改造和升级。最后，探讨了知识付费，这是互联网上媒体、出版和教育融合形成的新物种，基于电商平台和社交平台的成熟产生的新型互联网产品。对知识付费在未来知识技术层面颠覆出版业开展了论证。

六、传媒内容监管理论

（一）传媒内容监管理论

传媒内容监管理论，即“把关人理论”。20 世纪中期，卢因在研究战争时期食物购买和消费的关系时，首次提出“把关人”的概念，并在后面的研究中正式对“把关人”进行了阐述，在学术界引起了比较强烈的反响。卢因认为，在群体传播过程中，会存在一种角色，他们控制着在群体中传播的信息内容。因此，由于“把关人”掌握着信息筛选的主动权，他们可以将不符合群体规范的信息直接过滤掉，而组织群体的其他成员接收这些信息。随后，怀特将“把关人”的概念引入新闻研究中。怀特指出，媒体的报道活动实际上是对新闻素材的选择和加工，是有取舍的，而不是全盘接收、全盘传递。因此，传播媒介成了“把关人”，在很大程度上控制了受众能够接收到的信息。

自20世纪50年代以来，报刊、广播和电视等大众传播媒介发展迅速，“把关人”理论在新闻传播领域的研究，由早期指向记者、编辑等新闻从业者个人的研究模式转变为社会规则及组织的控制模式。代表人物沃特·吉伯认为，新闻传播过程的“把关人”除了个体的新闻工作者外，还有以组织形态存在的传播机构，后者的“把关人”作用在一定程度上预设并规约着个体的把关行为。由此，“把关人”理论研究的侧重点从个人因素转向广泛的社会因素，将社会学、政治学引入“把关人”研究中，研究重点从个人控制模式转化为社会控制模式。

政府与“把关人”。经过不断的发展，逐渐形成了“把关人”理论，即大众传播过程中，对信息进行过滤、处理的传播者，控制着大众能够接收到的信息。在传统传播理论中，人们认为“把关人”就是记者、编辑或者媒介。在现实生活中，政府扮演着“把关人”的角色。事实上，每个人都是自己的“把关人”，决定了自己获取的信息。之所以认为政府是最大的“把关人”，是因为媒体通常是为政府服务的，政府控制着信息的传播。之所以又说人人都是“把关人”，是因为人是处于社会关系中的，每天都在不断地交流，信息在进行人际传播，人们有权决定自己所言，也有权自主选择用何种方式对待自己所获得的信息，并决定是否传递给他人以及以什么样的方式传递。

无论通过何种媒介进行信息传播，信息量都是有一定限制的。为了将信息更加有效地传递给受众，媒体必须对信息进行处理和压缩，“把关人”的角色至关重要，在选择信息的时候，不能漏掉任何重要、精彩的新闻，避免让无聊的内容过多地占据人们的时间。

随着互联网的普及和自媒体的兴起，“把关人”存在一定的缺失，主要原因可以总结如下：一是现在人人都拥有传播信息的权利和能力，传统意义上的传播者的权威性已经被削弱；二是互联网的广泛普及使信息传播变得自由化，传播的范围较以前有了极大的扩张，信息量急剧增加。在网络传播过程中，存在一种对信息进行筛选和过滤的力量，这种力量将对大部分受众具有吸引力的信息保留下来。从传播者的角度看，这种力量就是“沉默的螺旋”。换言之，能够继续出现在大众视野中的信息是被大多数人所认可的观点，只有能够吸引大部分人注意力的信息才能被保存下来并得到流传。为了避免被孤立，一些持有不同观点的传播者虽然不认同主流观点，但是通常会选择沉默，久而久之，有些信息由于只有少数传播者认同，不在主流信息范围内，就会逐渐消失。站在受众的角度，这种现象是符合“使用—满足”理论的。在网络传播中，我们无法明确定位并区分传播者和受众，人们通常是集两个角色于一身的。得到传播者认同的信息意味着他们在作为受众的时候，就对这些信息是表示认可的。这种力量在信息传播中起到了“把关人”的作用，对信息进行了过滤，我们一般将这种力量当成具有把关作用的“类把关人”。

（二）“把关人”理论对本书的指导作用

政府对出版意识形态方面的把关具有不可推卸的责任。传统媒体对信息的控制离不开“把关人”的帮助。在传统媒体中，“把关人”支配着媒介的内容。网络是时代的产物，是一种新型媒介，互动的及时性和反馈的实时性是其最大的优势之一。随着网络传播的普及，传播者和受众的概念区分变得不再明显，传统意义上的传播者概念逐渐弱化。网络传播的兴起与发展使“把关人”的传统角色的作用产生了质的改变，没有人能够独立掌握信息传播的特权。在网络传播中，信息的互动和反馈是实时的、相互的。正是这种传播模式使“把关人”的角色被弱化。互联网的发展使信息的传播速度突破了时间和空间的限制，“把关”的可能性被无限降低。网民可以在论坛上自由发布信息，每个个体都是信息传播的主体，每个信息传播的主体都是信息的发布点。在这样的背景下，不同于传统的传播模式，传播权不再被“把关人”独享，而是被大众所共有，“把关人”在网络论坛中就分解为网民个人、网站编辑、版主、媒介制度。为了监督网络信息的传播，营造健康、积极向上的传播环境，需要通过媒介制度进行约束和管理，这些制度主要由行业内相关法律法规、政策制度及职业守则组成。法律法规通常具有强制性，而职业道德则依靠人们的自觉遵守。这些制度约束扮演着“把关人”的角色，是信息传播的最后关卡，能够帮助规范人们的信息传播行为，营造合法、健康的信息传播环境，使信息传播不越过法律和道德的红线。为了使互联网背景下的信息传播规范有序，专门成立了中国互联网新闻信息服务工作委员会，国内大部分已经形成规模的互联网新闻信息服务单位达成共识，并签署了《互联网新闻信息服务自律公约》，意味着这些服务单位愿意与政府和人民一起接受管理和监督，抵制不符合主流意识形态的信息传播，在另一个层面体现了政府对网络媒体“把关人”的约束和控制。

“把关人”理论应用于本书第八章，以政府为主导做好制度供给。首先论述新闻出版产业具有很强的意识形态属性，在新媒体强势席卷话语权的今天，牢牢掌握意识形态领域领导权成为当务之急。其次出版市场准入与退出机制是出版业市场化改革的关键。本书中“把关人”理论还出现在阐述政府书号管理、纸张安全、话语权、新技术在出版业的应用、国民阅读和“一带一路”总体规划等方面。

第三章 出版产业特征、地位和作用

产业主要指经济社会的物质生产部门，是具有某种同类属性的企业经济活动的集合。产业是在社会分工的背景下产生的，随着生产力和社会分工的不断细化而发展。本章从出版产业概念及其子行业、出版产业的意识形态属性与商品属性两个角度入手，论述我国出版产业特征。从出版产业在第三产业产值，出版产业在文化产业产值，出版产业助推居民消费升级，助推其他产业发展，推动高质量发展等方面分析论证出版产业在国民经济中的地位。

第一节 出版产业概念及其子行业

一、出版产业及其子行业的划分

在我国，出版的产业功能在相当长的时间内被忽视甚至否认。直到 20 世纪 90 年代，在我国经济体制改革的背景下，出版产业逐渐成为文化产业的重要组成部分，出版产业研究成为行业内理论研究的基础。

（一）有关出版产业概念的相关研究

1991 年，新闻出版业最重要的核心期刊《中国出版》发表了关于出版产业性质及特点的相关文献，第一次有了“出版产业”的提法。这种提法的出现符合当时我国经济体制改革的时代背景。然而该文作者厉以宁教授并没有对“出版产业”作出细致深入的阐释，文中的“出版产业”只是出版事业的代名词。1993 年，陈鸣放弃当时主要从出版印刷样式方面进行研究的方式，于《上海大学学报》上发表《上海印刷出版产业的近代化》，他创新性地从社会传播的宏观层面对出版产业进行了研究。基于传播学的出版产业研究虽然为之后的研究指出了一个方向，但在当时也并未对出版产业作出界定。1994 年，张冠辉对出版产业进行较为详细的分析，发表了《论出版产业》这篇文章，从现代产业经济管理学的角度对“出版产业”给出了界定。“出版业的主要从业业务包干了图书编辑、印制、发行及出版物资供应活动，还包括介入这一活动的企事业单位”，这种说法看起来过于笼统，未能就我国特殊国情划清“出版产业”“出版事业”和“出版业”的概念边界。但是其首创之功得到了出版业研究者的广泛认同，并被广泛引用。

2003 年，曾庆宾对出版业的产业属性进行研究并总结了现代出版产业特征，他对西方出版产业的发展历史进行了深入、全面的研究，极大地丰富了出版产业的内涵。2011 年，赵洪斌等发表《出版产业的概念、内涵及其特征》，在对国内外相关理论进行研究的基础上，基于行业发展的实际，对出版产业概念的历史做了全面而系统的分析。2014 年，李治堂从微观层面对出版产业的主题进行了概括，发表了《我国出版产业结构变化及启示》，他指出出版产业是一类单位的集合体，这些单位从事的生产经营活动是同类的，均从事出版活动，不仅包括从事出版物出版的相关企业，从事出版物进出口的相关企业也应该被囊括在内。

2017 年 10 月份，在首届中国新闻出版业智库高峰论坛上，国家新闻出版广电总局数字出版司副司长冯宏声提出了关于出版概念的模型（图 3-1），该模型基于信息技术对未来出版业流程再造的前瞻性构想，在推动出版业战略转型和可持续发展方面很有参考价值。

综上所述，出版产业的概念、内涵及其特征随着我国经济和文化体制改革的逐渐深化而渐趋清晰和稳定。出版的产业化功能被认可后日益突出，出版产业日益成为社会主义市场经济的重要组成部分。

（二）《国民经济行业分类》（GB/T 4754—2017）中的出版产业

1. 出版产业及其子产业属于第三产业项下的服务业

20 世纪 20 年代，根据国际标准以及相关单位的分工，一个国家的产业分为初级生产部门、次级生产部门和服务部门。这是最早对产业作出的比较系统的划分。“二战”以后，西方国家开始采用三次产业分类法。我国产业划分兼顾国情，采用了国际通行的三个产业划分法：第一产业为农业，第二产业为工业，第三产业分流通和服务两部分，共 4 个层次：①流通部门；②为生产和生活服务的部门，包括金融业、公用事业以及各类技术服务业等；③为提高科学文化水平和居民素质服务的部门；④为社会公共需要服务的部门。三大产业之间是相互依赖、相互制约的关系，第一产业为第二、三产业奠定基础；第二产业是三大产业的核心，对第一产业有带动作用；第一、二产业为第三产业创造条件，第三产业的发展促进第一、二产业的进步。

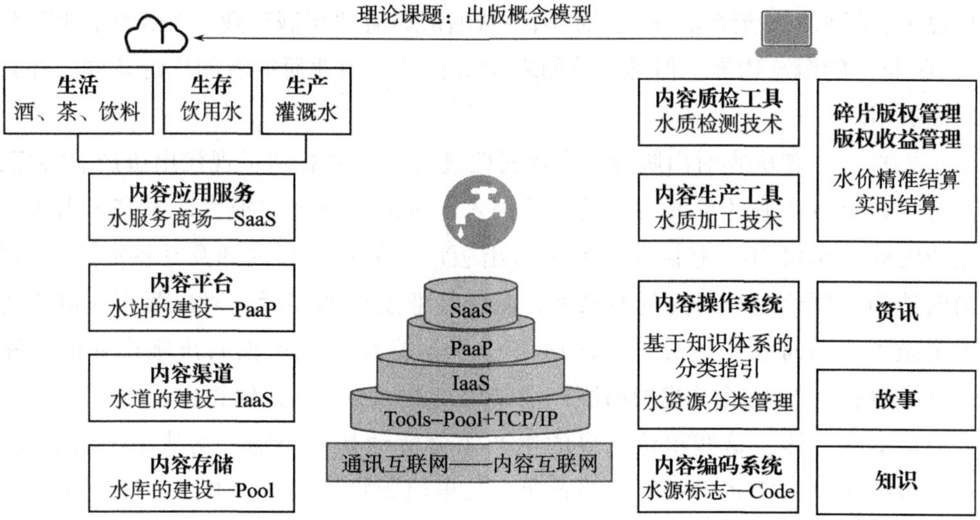

图 3–1　出版概念模型❶

出版产业及其子产业属于第三产业。2017 年 10 月 1 日实施的《国民经济行业分类》（GB/T 4754—2017）中，将出版业划分为第三产业服务业层次下的“R 文化、体育和娱乐业”。

2. 2017 年《国民经济行业分类》（GB/T 4754—2017）中新闻和出版业

研究出版产业，首先需要厘清的是产业划分。重要的依据是国家标准《国民经济行业分类》（GB/T 4754—2017）。此标准于 1984 年首次发布后，至今已经经历了四次修订，以适应不断发展的社会经济，最近的一次修订在 2017 年。该标准由国家统计局起草，经相关部门批准后予以发布，于 2017 年 10 月 1 日实施。

在《国民经济行业分类》（GB/T 4754—2017）中，出版业属于“R 文化、

❶ 2017 年 10 月 17 日，国家新闻出版广电总局数字出版司副司长冯宏声在第一届出版智库论坛提出的出版概念模型。

体育和娱乐业”，这个类别包括的行业主要有：新闻和出版业、广播、电视、电影和录音制作业、文化艺术业、体育、娱乐业等86—90大类（表3-1）。

表3-1　《国民经济行业分类》（GB/T 4754—2017）中的文化、体育和娱乐业

R 文化、体育和娱乐业	81
86　**新闻和出版业**	81
87　广播、电视、电影和录音制作业	82
88　文化艺术业	82
89　体育	83
90　娱乐业	83

第86类的新闻和出版业将新闻业和出版业单列，两者没有包含与被包含的关系，出版业主要包括图书出版、报纸出版等七大类（表3-2）。该分类对数字出版进行了专门说明，数字出版是基于数字技术对文字内容进行编辑加工，并对加工后的文字通过互联网进行传播的服务的总称。在互联网背景以及信息化程度不断提升的情况下，数字出版逐渐成长为出版产业发展的主要增长极，但是2017年10月1日实施的第四版《国民经济行业分类》（GB/T 4754—2017）中没有对数字出版的具体子行业做界定。

表3-2　2017年《国民经济行业分类》（GB/T 4754—2017）中新闻和出版业

86		**新闻和出版业**
861	8610	**新闻业**
862		**出版业**
8621		图书出版
8622		报纸出版
8623		期刊出版
8624		音像制品出版
8625		电子出版物出版
8626		数字出版（指利用数字技术进行内容编辑加工，并通过网络传播数字内容产品的出版服务）
8629		其他出版业

注：鉴于出版产业的上级主管部门长期是新闻出版署/总署，报刊是出版范畴，业内习惯将出版业称为“新闻出版业”，此新闻出版业不包括广播、电视媒体及其产品。

3. 出版产业结构及其子行业

2010 年 1 月 1 日，新闻出版总署发布相关公文，针对新闻出版产业的发展给出了书面指导意见。该意见对新闻出版产业的范围进行了重新定义，并对新闻出版产业的范围进行了重新定义，主要包括五个部分。

2015 年，相关机构出现了调整，国家新闻出版广电总局正式成立，由原新闻出版总署和原国家广播电视总局合并而来。合并后原总署书报刊、音像电子出版物、发行、出版物进出口、数字出版、印刷复制等行业的行政主管部门没有变化，原总署每年连续出版的《新闻出版统计资料汇编》也继续出版。

2018 年 2 月 28 日，党的十九届三中全会审议并通过深化党和国家机构改革的相关文件：中央宣传部统一管理新闻出版工作。为加强党对新闻舆论工作的集中统一领导，加强对出版活动的管理，发展和繁荣中国特色社会主义出版事业，将国家新闻出版广电总局的新闻出版管理职责划入中央宣传部。原新闻出版总署成为中央宣传部直属管理，总署行政职能未变。

按照主管部门归口和《新闻出版统计资料汇编》中列举的行业统计口径，本研究就新闻出版产业及其资产也进行了具体划分。一般认为处于产业链上游的印刷复制产业和处于产业链中下游的出版产业共同组成新闻出版产业。印刷复制产业包括出版物印刷、包装装潢印刷、其他印刷品印刷、专项印刷、打字复印、复制和印刷物资供销。传统出版业、数字出版业、动漫、游戏出版产业、出版流通、物流产业共同构成了当代出版产业。但是，从统计口径看，新闻出版流通、物流产业纳入了传统出版业，动漫、游戏出版产业纳入数字出版统计。据此，笔者制作了出版产业统计结构表（表 3-3）。表中囊括了传统出版和印刷复印产业两个部分。其中出版产业包括传统出版产业和数字出版产业，并对两者所包含的出版产业进行细分罗列，直观清晰，简单易懂。❶ 出版物发行业包括批发、零售、网上定制、网上销售、通信阅读传递等相关行业。

2013 年国家新闻出版广电总局成立以后，原中华人民共和国新闻出版总署主管的新闻出版业务依旧未变。在统计方面，2017 年，国家新闻出版广电总局将在线教育纳入数字出版统计范畴。

---

❶ 李军. “十二五”新闻出版产业发展特征分析[J]. 科技与出版, 2016(3): 110-111.

表 3-3　出版产业统计结构表

<table>
<tr><th colspan="2">出版产业</th><th rowspan="2">印刷复印产业</th></tr>
<tr><th>传统出版产业</th><th>数字出版产业</th></tr>
<tr><td>①图书出版
②期刊出版（发行、广告）
③报纸出版（发行、广告）
④音像电子出版物
⑤出版物发行
⑥出版物进出口
⑦版权贸易</td><td>①电子书
②数字期刊
③数字报纸
④手机出版
⑤网络游戏
⑥网络广告
⑦在线教育
⑧其他</td><td>①出版物印刷
②包装装潢印刷
③其他印刷品印刷
④专项印刷
⑤打字复印
⑥复印和印刷物资供销</td></tr>
</table>

二、出版产业和出版事业的区别

自中华人民共和国成立到 20 世纪 80 年代末，出版业一直被称为出版事业，主要源于当时的出版机构设置是不以盈利为目的的，具有公益性的特点。在《辞海》中，“出版产业”与“出版事业”的概念被同化。随着社会的发展，也出现了更加广泛的概念。

西方国家一般将其称为出版业，出版事业的概念出现的频率较低。日本一般把非营利性的企业排除在出版业的范围外，仅将那些将出版作为自己日常经营，且以此营利的企业包括在内。英国《不列颠百科全书》指出出版是一个综合性较强的行业，包括设计印刷品的选择、文字编辑以及成品销售等活动。

20 世纪末期，出版产业的概念正式登上了历史舞台，不断在后来的出版文件以及学者们的研究中出现，在内涵上与出版事业或者出版业不同，但其定义及内涵却鲜有共识。

传统出版业基本工作流程如图 3-2 所示。

截至 2011 年，我国的大部分出版社已经完成了转企改制，仍有少数几家出版社由于具有公益性质，不以盈利为目的，从而继续保留事业单位身份；原来具有事业单位性质的出版社已将经营性业务剥离，近年来按照中央的要求进行事业单位转换体制机制的改革探索。非时政类报刊的改革也在 2013 年完成转企；时政类报刊已普遍建立绩效考核制度和编辑、经营“两分开”的内部改革机制。

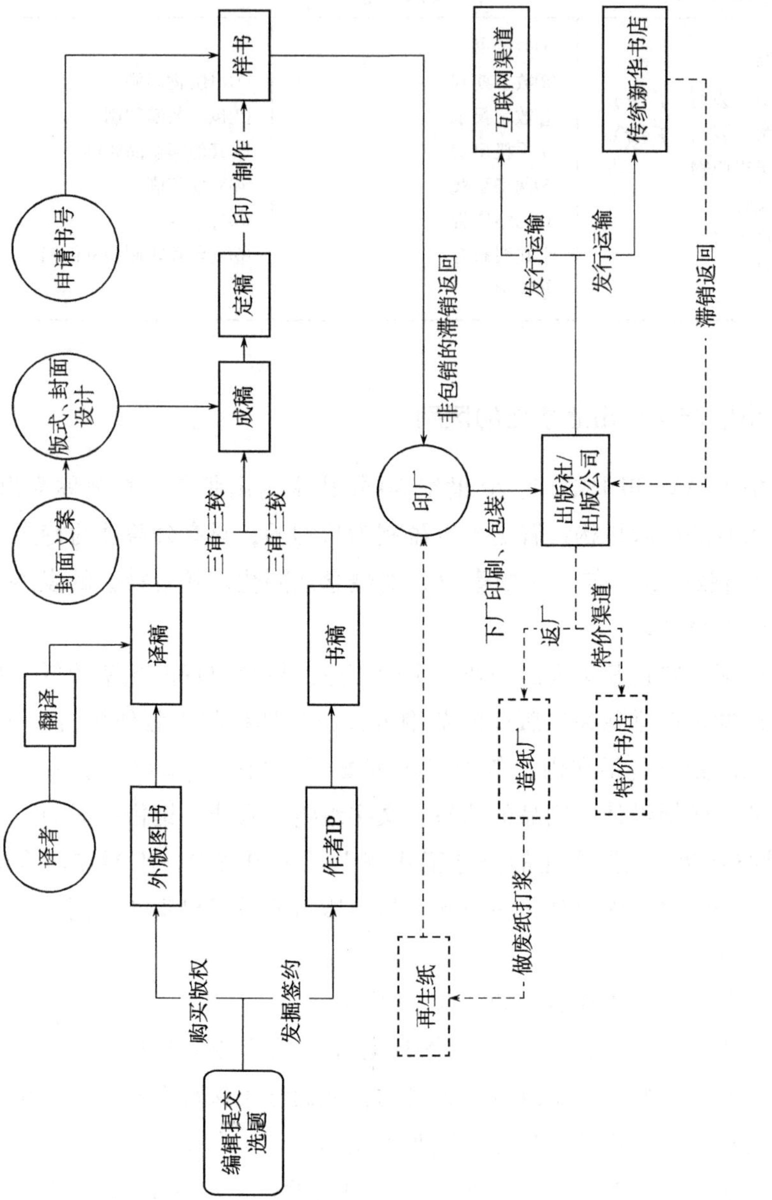

图 3-2　传统出版业基本工作流程

（实线为生产流程，虚线为回收流程）

随着出版产业体制改革的推进和完成，根据企业是否以盈利为目的，是否具有公益性的划分标准，我国出版业已经形成鲜明的公益性出版和经营性出版两部分。出版产业是出版、复制和发行出版物而形成的以经常性盈利为目标的产业组织划分。非营利性的出版则称为出版事业。出版产业和出版事业共同构成我国的出版业。出版产业具有改革动作快、措施彻底的特点，从而在较短的时间内取得了比较明显的效果，在文化体制改革中扮演先锋角色。特别是“十一五”以来，国家提倡大力发展公益性文化事业，保障人民基本的文化权益，这对于出版事业、出版产业的供给侧结构性改革和长远发展均具有重要的指导意义。

第二节　出版产业的二重属性

概括起来，出版产业是指从事出版活动的单位的集合体，但不同于其他产业的是，出版产业同时具有经济和社会两个维度的二重属性。

一、出版产业的意识形态属性与商品属性

出版产业具有其他产业所具有的商品属性，需要在市场经济中获取经济效益；同时由于出版物本质上是一种精神产品，大众对精神产品的消费会对社会产生巨大的影响力，因此出版产业具有意识形态属性。

在我国，出版产业的商品属性随着出版产业化的不断加深得到认同。随着信息化和市场化程度日益加深，出版产业有力地推动了经济的发展，成为国民经济中的一个重要组成部分。出版业与经济的联系越来越紧密，解放和发展出版产业生产力，需要承认出版产业作为市场主体，必须讲究投入与产出，讲究成本与核算，讲究市场规律，讲究盈利与盈利模式等，出版商品的生产与消费同样遵循市场经济规律。而且随着我国市场对外开放的程度日益加深，我国出版企业不得不面对来自国际出版企业的竞争，因此必须不断加深出版产业化，认清其商品属性，才可以保证我国出版产业的不断壮大。

不同于商品属性，出版产业的意识形态属性包括出版产业所形成的“出版文化对意识形态的形塑和意识形态对出版文化的现实制约”。随着经济体制和文化体制改革的不断加深，出版产业不断发展壮大，其生产的精神产品对整个社会的价值观和人民的行为影响日益突出，必然会超出普通商品行为的范畴。同时，中国共产党作为社会主义改革的绝对领导力量十分重视意识形态在社会变革中的决定性推动作用，因此加强对出版产业的意识形态的控制是保障出版产业发展的政

治前提。

对出版产业属性的认知和体制现象，是贯穿我国出版产业改革和发展的一条主线。新中国成立以后，出版社被定位为企业。20 世纪中期，文化部就针对出版社改制的问题向国务院提出申请，但是这一提议没有得到批准。直到 1983 年，全国工资调整和职称评定限于事业单位，时任出版局副局长的宋木文为适应工资调整将出版社转为事业单位标准。随后的“事业单位，企业管理”成为确立出版社属性、指导出版工作的一个指导性的提法，已经超出了调工资时“事业单位”的含义。这反映出在我国计划经济时代，出版活动由于其特殊的意识形态属性受到政府的严格管理与保护，反映在出版社企业性质或事业性质的模糊处理方面。90 年代以后关于出版产业的研究论文，如赵洪斌、盛梅、丁文涛在《出版产业研究述评》一文中认为在相当长的时期内，把出版产品和出版服务视为公共产品，我国政府将出版机构归入了事业范畴。学界对我国出版业长期属于事业单位性质的认识错觉也可以看作我国出版业意识形态属性长期占据主导地位的另一种体现。

在我国计划经济时代，被定性为企业的出版社并不具有商品属性，因此也不存在出版产业的概念。20 世纪 90 年代随着经济体制改革的逐步加深和加入 WTO 后，出版业开始转向产业化。1994 年国家新闻出版署出台《关于书报刊音像出版单位成立集团问题的通知》；2007 年，新华传媒以每股 16. 29 元向解放日报报业集团、中润广告定向增发 1. 24 亿股；2013 年，出版业从组织到所有权的产业化进程不断加深，党的十八届三中全会后颁布《中共中央关于全面深化改革若干重大问题的决定》，提出要将特殊管理股制度应用于目前按规定进行改革的国有出版企业。

在这一过程中，出版产业的意识形态属性也如影随形。报业集团的组建受到严格的限制，需要行政审批。而出版产业特殊股管理制度的提出本身说明了出版产业具有其他产业所不具备的意识形态属性的特殊性。

在强调出版业的经济功能的同时，出版产业的二重性也日渐显露。1999 年，在出版产业化刚刚起步时，史玉德就在《出版产业化经营的若干问题》中谈到：“我国出版产业具有不同于其他产业的矛盾的特殊性。”同年，魏玉山在《出版产业与支柱产业》中，将“事业”与“产业”做对比，提出“出版产业具有双重性，既具有事业性，又具有产业性”。2003 年 4 月于友先在《论出版产业的二重属性与宏观管理》中指出，“把文化性和商业性作为出版业的二重属性是由出版物的精神文化属性和出版市场需求这两方面的内容决定的”。同年，曾庆宾在

《中国出版产业发展研究》中论及出版产业的概念和内涵时，分文化性和商业性两个方面加以论述。周蔚华在《大学出版》发表《贯彻“三个代表”重要思想，深化对出版双重功能的认识》，将出版产业的二重性称为“意识形态性”和“产业性”。

基于这些积极的理论探索和实践，一个里程碑式的重要政策出现了。党的十六大以是否公益性为标准确立了“二分法”的文化体制改革，将文化事业与文化产业区分开。政府全力扶持文化事业，确保人民群众基本文化权益。明确了文化产业的“经营性”，由市场这只看不见的手来调节。十六大同时提出把社会效益放在首位，即在文化产业的二重性上坚持以文化属性为主导，在此基础上实现文化属性和经济属性的有机结合。这种文化产业的发展思路在党的十七大和十八大中被不断强调。

2004 年，周蔚华在《从出版产业的双重属性看出版者的社会责任》中论述了出版产业的双重属性并应以意识形态性为主导，要求出版者始终把社会效益放在首位，充分重视社会责任。2008 年，在《中国图书商报》发表《关于出版物的效益评价问题》一文中，他进一步对社会效益的重要位置进行明确，对同时实现社会效益和经济效益最佳结合的主流效益评价提出质疑，并指出“文化价值”和“经济价值”是出版产业效益评价的基本矛盾。2009 年，韦干鹏进一步提出“坚持把文化价值放在首位，做到文化价值与经济价值有机结合起来；在坚持社会效益的前提下，把社会效益和个体效益相统一”❶ 的效益和价值评价标准。这种观点得到易图强的赞同。易图强在《出版的社会效益与经济效益的关系新解》中将社会效益与文化效益的关系展开为相互关联的三个层面，并提出了处理这三个关系的基本原则。同年，何军民的《出版伦理：利益追求与文化使命之间的博弈》中引入博弈论来关照出版产业的两种属性。2015 年李志强发表《基于博弈论的出版文化价值与经济价值研究》，通入严密的博弈论理论建模，分析得出“出版企业选择追求文化价值，市场认真分析鉴别出版物价值正确接受”理想的纳什均衡结果，并提出了相关对策和建议。

2010 年，张志强发表《转制后中国出版企业的发展与社会责任》，引入西方企业社会责任理论，启发了转制后出版企业的发展道路，2011 年，张雨晗在《试论出版企业社会效益与社会责任》中全面分析了社会效益和社会责任在出版企业的内涵，提出“出版工作社会效益与社会责任的内涵和外延最终应走向结

❶ 韦干鹏. 近几年出版物社会效益研究述评[J]. 东南传播，2012(11)：20.

合，形成出版企业特有的社会责任要求”，借此实现出版产业二重性的统一。与此同时，吴培华和李寿春也发表了《再论出版物两个效益与文化品味的关系》，提出将“文化品位”作为出版产业的首要评价标准。他们将文化品位归结为出版物的核心价值，并提出文化品位是出版产业两个效益的统一点。而文化品位的实现依赖于出版人使命感的增强。

2015 年魏玉山发表《把社会效益放在首位需要建立考核评估体系》，呼应了关于国有文化企业应该如何处理社会效益与经济效益关系的指导文件，对出版企业社会效益考核评估体系提出了建议。2016 年国家新闻出版广播电视总局专门立项了《出版单位社会效益评价指标体系的构建与应用》项目。2017 年《中国出版》相继刊载了《浅析出版企业社会效益考核体系设计原则与考核内容》以及《出版单位社会效益评价指标体系的思考》。理论界转向对出版产业文化属性的研究。

综上所述，我国出版产业从单纯强调意识形态属性，到文化体制改革后逐步重视产业属性，再到探索如何实现意识形态属性的优先地位，经历了螺旋式上升。在这个过程中，对出版产业二重性的研究也经历了论证出版业的产业属性、如何在两个属性之间保持平衡以及重点关注意识形态属性在产业实践的实现上的作用。

二、出版产业管理体制及其历史变革

伴随着对出版产业二重属性认识的不断深化，出版产业管理体制的变革也在不断推进当中。新中国成立以来，我国新闻出版业的主管部门历经中央人民政府出版总署（1949 年 11 月）—国家出版局（1985 年 6 月 28 日）—新闻出版署（1987 年 1 月）—中华人民共和国新闻出版总署（2001 年）—2013 年国务院撤销了新闻出版总署、广电总局，并将这两者的职责进行整合，组建成立了国家新闻出版广电总局。国家新闻出版广电总局是国务院直属机构的管理部门，主要归口的行业包括新闻、出版、广播、电影和电视领域，其中新闻、出版领域仍旧归口原主管部门。2018 年 2 月 28 日党的十九届三中全会审议通过了关于国家机构改革的决定：中央宣传部统一管理新闻出版工作。

1949 年 2 月，北平解放之初，中宣部设立“出版委员会”，作为党中央出版工作的领导机关和全国出版事业的管理部门，统一管理全国的出版事业整顿和恢复工作。迄今为止，新闻出版业的管理机构已经经过了十一次重大变革。中华人民共和国成立伊始，正式设立“新闻总署”和“出版总署”，之前设立的“出版委员会”改组为出版总署出版局。1952 年，政务院撤销新闻总署，原新闻总署各部门的工作陆续归并到别的单位。直到 1987 年国务院成立新闻出版署，新闻业才有了专门管理机构。在此期间，出版业管理机构除在特殊时期以出版口的形式出现外，在作为文化部部属局和国务院直属局中反复变更四次。

2001 年，新闻出版署改称为新闻出版总署，成为国务院下属正部级单位。2013 年国务院机构改革中，机构的调整是为了更好地推进广播电影电视事业产业发展。

2018 年 2 月 28 日党的十九届三中全会审议通过了关于机构改革的决定：中央宣传部统一管理新闻出版工作。为加强党对新闻舆论工作的集中统一领导，加强对出版活动的管理，发展和繁荣中国特色社会主义出版事业，将国家新闻出版广电总局的新闻出版管理职责划入中央宣传部。中央宣传部对外加挂国家新闻出版署（国家版权局）牌子（表 3-4）。调整后，中央宣传部关于新闻出版管理方面的主要职责是，贯彻落实党的宣传工作方针，拟订新闻出版业的管理政策并督促落实，管理新闻出版行政事务，统筹规划和指导协调新闻出版事业、产业发展，监督管理出版物内容，把握出版物质量，监督管理印刷业，其职责还包含著作权管理以及出版物进口等事务。❶

首先，这次新闻出版管理机构改革是加强党的领导、确保新闻出版业健康有序发展的重要举措。习近平总书记曾经说过，党对新闻舆论工作领导的加强是推进我国新闻舆论工作健康发展的根本保证。新闻出版工作历来就是我党重要的宣传思想教育阵地，在社会主义文化建设中扮演着重要角色。中宣部的直接管理强化了新闻出版业的文化属性以及意识形态属性，必会更好地发挥新闻出版的凝心聚力的功能，更加坚定“四个自信”，稳固保障文化强国战略的实现。其次，对于新闻出版物进一步构建主流意识形态具有重要意义。在传统媒体转企改制以及新媒体蓬勃发展的传媒大环境下，出现了诸多出版物只为“吸睛”，追求一时经济效益的短视行为，出版工作的社会效益一再受到国家和社会的关注。中宣部的直接管理可以促进出版业自身出版价值回归，实现出版物供给的减量增质。再次，高品质的出版供给可以满足人民群众日益增长的精神文化需求。机构改革所释放的生产活力无疑会形成更高品质、更高质量、更加系统的精神文化供给，也会提高人民群众的思想和文化素质。最后，此次改革前的新闻出版机构归属中，国家新闻出版管理机构属于行业管理，而在地方管理体系中，出版发行集团又归

---

❶ 2018 年 2 月 28 日党的十九届三中全会审议通过的《中共中央关于深化党和国家机构改革的决定》。

属各地宣传部主管，因此实际存在多头管理的问题。统一归属宣传部管理后，新闻出版业的沟通和管理会更加顺畅（表 3-4）。

表 3-4 1949—2018 年新闻出版管理机构归属沿革

时间	名称	职责	归属机构
1949 年 2 月	出版委员会	党中央出版工作的领导机关和全国出版事业的管理部门，统一领导全国事业整顿与恢复工作	中宣部
1949 年 11 月	新闻总署、出版总署	根据《中央人民政府组织法》第十八条，政务院下设出版总署和新闻总署，为国家领导新闻和出版的最高行政机构	政务院
1952 年 2 月	出版总署	政务院决定撤销新闻总署，原新闻总署部分职能分别划归中宣部和出版总署	政务院
1954 年 12 月	文化部新闻出版事业管理局	依照《中华人民共和国国务院组织法》第二条，国务院不再设立出版总署，出版总署所管理的出版行政工作划归文化部	文化部
1969 年 9 月	出版领导小组	出版局工作转移到出版口，国务院直接管理。先后成立三人和五人领导小组集中管理全国出版工作	国务院
1973 年 9 月	国家出版事业管理局	职责为统一管理全国出版、印刷、发行、物资供应以及印刷的科研、教育等部门的工作	国务院
1982 年 2 月	文化部出版事业管理局	国家出版局划归文化部，改称文化部出版事业管理局	文化部
1986 年 10 月	国家出版事业管理局	职责；加强对全国出版工作的领导和管理，将文化部所属国家出版局恢复为国务院直属机构，国家出版局的计划、财政、物资分配单列户头，同时保留国家版权局	国务院
1987 年 1 月	新闻出版署	职责包括起草新闻出版的法律法规，制定新闻出版管理的方针政策，管理书报刊市场，取缔非法出版活动和对外交流活动等。后来又加入对音像出版的管理工作	国务院
2001 年 4 月	新闻出版总署	为提高新闻出版管理能力，改称新闻出版总署，由副部级单位升为正部级单位	国务院
2013 年 3 月	国家新闻出版广电总局	监督管理新闻出版广播影视机构和出版物、广播影视节目的内容和质量以及业务，负责著作权管理等；统筹规划新闻出版广播电影电视事业产业发展	国务院
2018 年 3 月	国家新闻出版署	将国家新闻出版广电总局的新闻出版管理职责划入中央宣传部，中央宣传部统一管理新闻出版工作，中央宣传部对外加挂国家新闻出版署（国家版权局）牌子	中宣部

出版产业的二重性使其处在我国经济体制改革和文化体制改革的交叉点上。由于我国经济体制改革先于文化体制改革，因此出版产业的改革滞后于经济体制改革但又领先于文化体制改革。在计划经济体制下被压抑的经济属性，在刚开始经济体制改革下得到解放，而相配套的政府对出版产业文化属性的监管还未成型。在现阶段随着文化体制改革的深入，如何顺应供给侧结构性改革，发展高质量出版产业，成为当下最紧要的研究课题。

三、意识形态属性与话语权

出版产业对意识形态具有形塑作用，同时也必然会受到意识形态的现实制约。在通常情况下，媒体是政府的喉舌，帮助政府传递信息是媒体的重要职责所在。传媒的本质就是国家的话筒，是为权力服务的。传媒在意识形态的维护上也有着重要的作用。事实上，传媒本身就属于意识形态范畴，主要表现在传媒在部分功能上与意识形态有相似之处，能够实现社会控制职能，维护着国家的稳定以及社会的长久治安。在编辑、印刷和发行上承担着传媒任务的出版产业是中国特色社会主义意识形态传播和建设过程中的中坚力量，发挥的作用是不容忽视的，是党思想宣传工作的主阵地。因此出版产业必须牢牢把握正确的政治方向和出版导向，切实担负起意识形态工作的职责和使命。坚持出版产业的意识形态属性事关主流思想的话语权，事关党对国内舆论的导向和我国对外传播过程中文化安全，事关我国社会主义的国家性质。

自中国共产党成立以来，意识形态工作就是一项非常重要的工作，必须摆在重要的位置来看待。习近平总书记十分重视党的这项极端重要的工作。党的十八大以来，围绕做好意识形态工作的问题，习近平总书记先后围绕宣传思想、文艺工作、新闻舆论工作以及哲学社会科学等工作召开多个座谈会议，并在数个重要场合围绕意识形态工作发表重要讲话，结合我国的发展实际和意识形态现状，提出了一系列新思想、新观点及新论断，对我国今后的意识形态工作指明了方向，奠定了理论基础，为我国当前意识形态工作提供了指导。随着我国对外开放程度的不断加深和互联网的传播赋权，主流意识形态受到冲击，我国的舆论生态亟待净化。为了达到上述目标，我们必须充分发挥出版产业的政治导向作用，保持占领地位，并将其作为当前党宣传思想领域的重要工作来抓。出版产业必须将主流思想舆论发扬光大，并不断巩固，在全社会范围内坚持社会主义的主流意识形

态，弘扬社会主义的主旋律，传播正能量，促进全社会的团结。❶

出版产业的意识形态属性不仅体现在对国内的舆论引导上，同时放眼全世界，纵观瞬息万变的国际形势，我国在世界范围内产生的影响越来越大，西方右翼势力对中国牵制的想法已经开始显露出来，甚至已经开始采取遏制的动作。在思想领域，西方某些发达国家也开始伸出了“侵略”的魔爪，试图想要向我国灌输他们的意识形态，不断抹黑我们的制度优势，企图实现“颜色革命”，因此在加强我国出版产业软实力、在对外传播中争取到更多的话语权方面，需要做好意识形态的工作。

在应对全球化的文化交流融合时，出版产业必须强化阵地意识和责任担当。“在近代化过程中，西方发达国家通过不断的扩张和发展的同时，在意识形态形成了一整套融合所谓盎格鲁—撒克逊民族特性、市场经济和自由民主的话语体系，在西方国家在全球范围的扩张过程中扮演了重要的角色。”❷ 而我国由于文化产业起步较晚，出版产业在对外交流中处于弱势地位。近年来我国已经开始加大对意识形态领域的重视程度。党的十八大以来，优秀传统文化的传播与弘扬以及我国主流意识形态在世界范围内的传播，取得了新的进展。习近平总书记针对意识形态领域提出了许多新的理念和论断，对于我国文化走向世界，打造文化强国有着重要的推动作用。在出版产业方面，我们要尽力摆脱西方主导的价值体系，从我国文化传统、改革开放的宝贵经验以及现行制度中进行提炼升华，形成普世性的价值理念，提高出版产业在国际市场上的抗风险能力，抵御文化帝国主义的入侵。

四、社会效益和经济效益

自 1984 年我国对出版单位实行“事业单位，企业管理”后，随着我国经济体制和文化体制的改革，出版产业的产业化程度不断加深，其商品属性日益明显。然而出版单位从进行企业化管理到转企改制再到上市运营，始终难以在社会效益和经济效益中取得平衡。出版产业在进入市场后，自负盈亏，作为市场主体必须追求利润的最大化，从而扩大市场份额，谋求更大发展。而出版产业的产品——出版物是一种精神产品，有着传承我国优秀传统文化，发展社会主义先进

---

❶ 习近平. 胸怀大局把握大势着眼大事努力把宣传思想工作做得更好[N]. 人民日报，2013-08-21.

❷ 刘明洋，王景强. 文化对外传播的范式转换方向与路径[J]. 中国出版，2017(18)：35.

文化，满足人民日益增长的精神文化需求的社会责任。其产业结构属于经济基础，而产业结构中的有效载体却处于上层建筑的地位，因此在出版企业的实际发展过程中难免会出现经济效益和社会效益的龃龉。

为解决出版产业发展中社会效益与经济效益的矛盾，党的十六大以公益性为标准确立了“二分法”的文化体制改革，将文化事业与文化产业区分开。政府全力扶持文化事业，确保人民基本文化权益。明确了文化产业的“经营性”，由市场这只看不见的手来调节。党的十六大同时提出把社会效益放在首位，即在文化产业的二重性上坚持以文化属性为主导，在此基础上实现文化属性和经济属性的有机结合。这种文化产业的发展思路在党的十七大和十八大中被不断强调。

在出版产业改革进程中，这一重要论断划清了为保证人民权益的公益性出版和为追求利润最大化的市场性出版行为，促进了出版的文化传承。不过，党和政府对出版企业提出的社会效益放在首位的要求，在出版企业实践过程中却难以实现。一方面社会效益的考量并不能像经济效益那样有较为直观的标准，以至于许多出版企业将获得出版行业的奖项作为社会效益的成果；另一方面对那些取得良好社会效益的出版企业尚未形成相应的激励机制。

因此做好出版产业政策的顶层设计，为出版企业更好的实现社会效益提供制度保障十分关键。中央曾发布关于国有文化企业的指导性、纲领性文件，文件明确提出国有文化企业要将社会效益和经济效益统一起来，并将社会效益放在首位。其中，社会效益指标考核权重需要超过一半，在考量的过程中，要进一步细化、量化，从政治导向、受众反向、社会影响等具体指标出发，形成系统化、可核查、可衡量的社会效益指标体系。根据文件提出的要求，对指标的设计仅提出了原则性的要求，在实际运用的过程中，还要根据不同企业的不同情况进行实际考量，突出企业的个性。

2016 年国家新闻出版广播电视总局专门立项，制定了《出版单位社会效益评价指标体系的构建与应用》项目。理论界随后加大了对出版产业文化属性的社会效益的研究力度，2017 年《中国出版》相继刊载了《浅析出版企业社会效益考核体系设计原则与考核内容》以及《出版单位社会效益评价指标体系的思考》，力图在制度层面促进出版产业在经济效益和文化效益上的传承。

第三节　我国出版产业的地位和作用

出版产业已经成为助推国民经济结构转型升级的重要力量。统计资料显示，1978—2013年，中国GDP年均增速达到9.8%，远远高于同期世界经济平均3.9%的增长率。❶ 而同期新闻出版产业保持着高于GDP的增速，高速增长；作为先导产业，对印刷、造纸、油墨、包装等上下游产业、关联产业的带动强劲，直接助推国民经济增长。

在中国经济结构调整升级的大背景下，出版产业超出经济总体增长水平的持续快速增长，不仅使其比重和增长贡献明显提升，还在多方面作出了贡献。

一、出版产业对我国经济持续快速增长的支撑作用

（一）出版产业在国民经济中的比重逐步增大

在加入WTO后，我国不可避免地加入到全球化的浪潮中，在文化体制改革背景下，我国新闻出版业受到新媒体的冲击，压力巨大，但是仍然保持了整体的平稳发展，增速保持在较高的水平，并依然保持着稳步提升的良好态势。2010年，出版产业增速达19.7%，达到改革开放以来最高峰值。此后，虽然出版产业增速和国民经济同步，逐渐走向中低速增长，但始终高于GDP的增速，如图3-3所示。

从图3-3可见，新闻出版产业增长长期高于GDP的增速。2016年达到9.0%，多年来高出GDP增速2个百分点以上，而且呈现出不断扩大的趋势。

出版产业多年来的持续高速增长使得出版产业在国民经济中所占比重逐年提升。尽管出版业受到了来自内外部环境的各种影响和冲击，仍然保持了比较高的增长速度，增速一直在国民经济总体水平之上。2012年，出版产业在国民经济中所占比重比上年提高0.2个百分点，并在以后保持着良好的增长态势（图3-4）。

（二）出版产业是支撑我国文化产业发展的主体力量

习近平总书记在党的十九大报告中指出，我国社会的主要矛盾已经发生了变化，人们对美好生活的追求越来越迫切，“美好生活的需要”换言之是消费

---

❶ 梁俊，李菁. 中国经济的结构性减速与对策[J]. 上海经济研究，2016(5)：3.

升级催生的新需求，人民美好生活需要日益广泛，多元、高质、跨界的文化产品是未来经济结构调整升级的刚需，可以预计，未来十年文化传媒行业将进入快速发展通道，传媒类公司轻资产的特点为国民经济提质、转型、增效提供有效支撑。

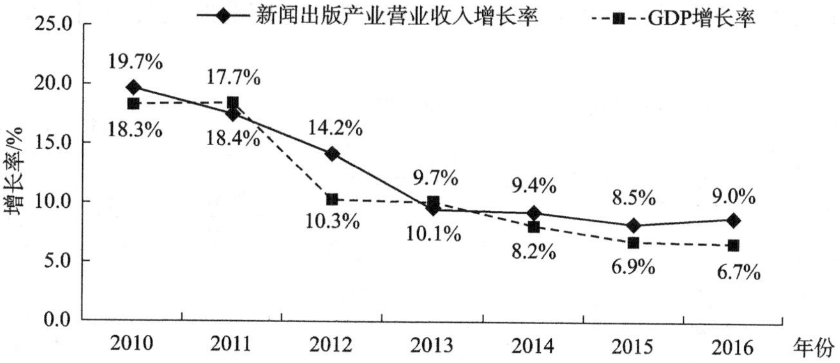

图 3-3　2010—2016 年出版产业营收增速与 GDP 增速

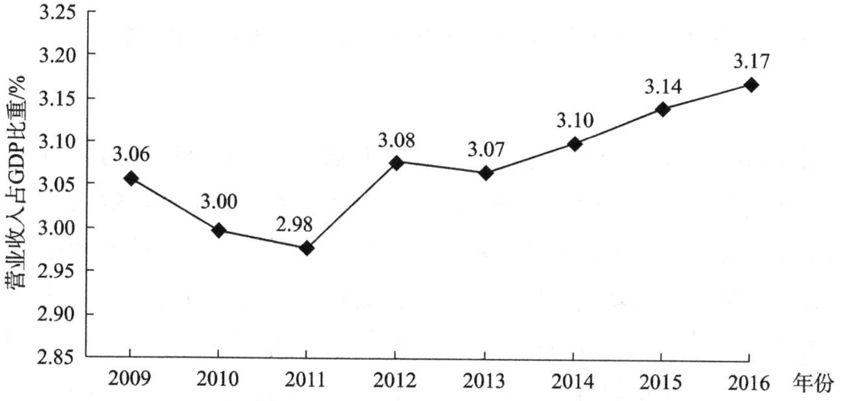

图 3-4　2009—2016 年出版产业营业收入占 GDP 比重

按照《国民经济行业分类》（GB/T 4754—2017）的划分，出版产业（书报刊的生产及流通）属于文化产业，文化产业具体包括：文化服务业、文化制造业、文化批发零售业，其中，党的十八大以来文化产业整体保持快速增长的态势。2016 年全国文化及相关产业同比增加 13.0%，占 GDP 的 4.14%，同比增加 0.17 个百分点，增加值为 30 785 亿元，文化产业增加值占 GDP 的比重逐年增长（图 3-5）。

分行业看，2016 年文化制造业比上年增长 7.6%，占文化及相关产业增加值的比重为 38.6%，增加值为 11 889 亿元；文化批发零售业增长 13.0%，占

9.3%，增加值为2872亿元；文化服务业增长17.5%，占52.1%，增加值为16 024亿元，文化服务业已成为推动文化产业发展的主体力量。此外，2016年全国居民人均可支配收入比2013年增长38.7%，用于文化娱乐的人均消费支出为800元；属于文化服务业的文化娱乐支出占全部消费支出4.7%，高于2013年4.4%的水平，出版产业已经成为推进文化产业结构优化升级的主导性力量。

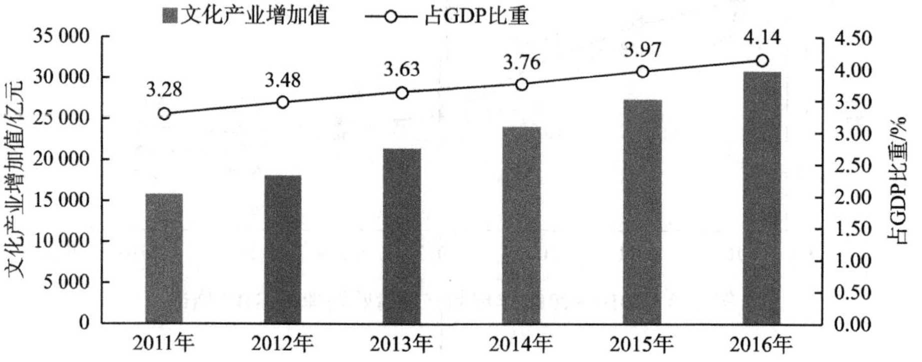

图3-5　2011—2016年文化产业增加值及其占GDP的比重

如图3-6~图3-8所示，近年来，以"互联网+"融合传统出版的内容服务占到整个文化产业经济规模的半壁江山，主体的新兴文化信息传输服务业发展迅猛。从文化相关产业过去几年的发展态势观察，未来这一态势的不断提升将没有太大悬念。如果考虑到新兴的电子化出版业态或数字技术对传统制造环节日益深化的渗透改造，这一比重预计在未来十年将可能从目前52%的水平，提高到60%以上。这一趋势将很好地印证了党的十九大报告关于"互联网+"、移动互联网和人工智能等新型传媒文化业态将成为文化产业快速发展的新引擎的重要判断。

从企业层面看，2017年上半年全国规模以上文化及相关产业企业营业收入增长11.7%，以"互联网+"为主要形式的文化信息传输服务业增速最快，2017年同比增长32.7%，较2016年增长4个百分点，占文化产业增加值的7.7%。增长速度高出其他传统文化25个百分点以上。

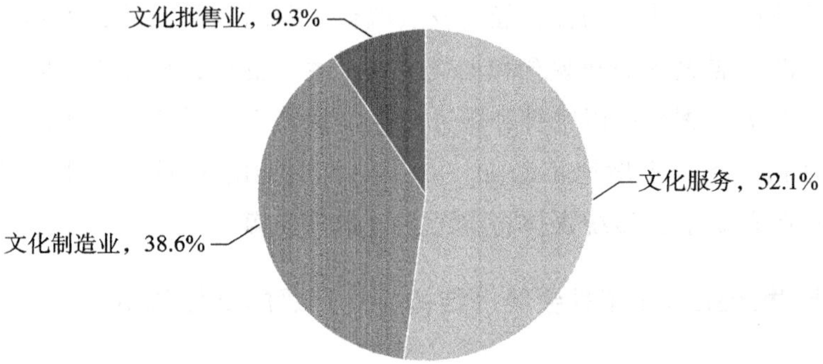

图 3-6　2016 年文化及相关产业营收构成

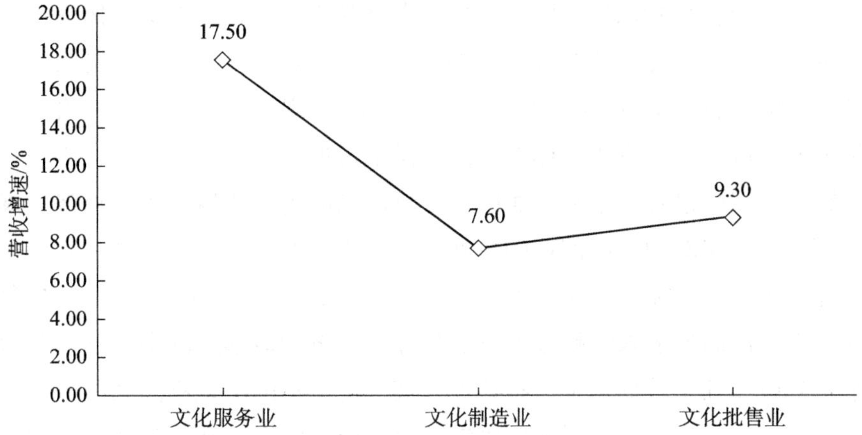

图 3-7　2016 年文化及相关产业营收增速对比

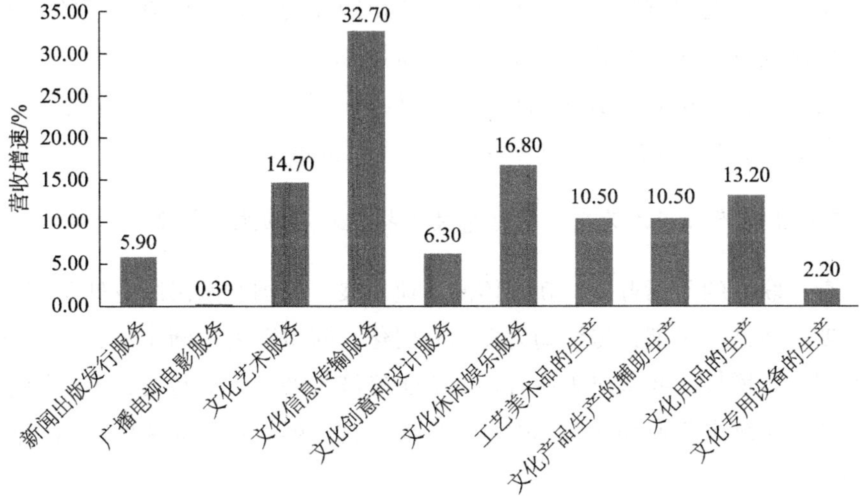

图 3-8　2017 年全国规模以上文化及相关产业企业营收增速

改革开放以来，我国的社会经济发展取得了跨越式的发展，人们的生活水平有了质的飞跃，居民的消费观念和消费模式产生了变化，从过去以吃住行为主导的消费转型升级，逐步向以精神和服务产品消费转变。目前，我国居民对新闻出版业的产品和服务需求增速不断加快。虽然，增加的大部分为针对新媒体的需求，但是在此背景下，传统媒体将继续获得增长支撑。

二、出版产业对我国社会经济结构持续升级的支撑作用

（一）助推中国居民消费升级

未来三十年，是我国经济跨越“中等收入陷阱”，居民消费结构进一步转型升级的重要时期。首先，改革开放经历40多年的发展后，经济发展取得了明显的成就，目前，我国处于新型工业化、信息化、城镇化、农业现代化“四化”同步发展的阶段，中等收入群体在我国居民中占据的比例越来越高，消费结构正在经历转型升级的过程，带来了居民对文化产品的需求激增。由于经济发展水平不平衡，城乡之间新闻出版产业的发展也存在明显的差距。一些经济水平较高的城市已经步入了后工业化时期，消费升级已经来临，主要以精神文化消费为主导，对于出版产品的需求大幅度上升。另外，经济相对落后的中西部部分地区的文化消费阶段还处于较低水平。有些地区甚至连基本的文化产品和服务都得不到满足。对文化产品需求的多层次性决定了出版业的巨大发展空间和丰厚的需求潜力，出版产业的个性化供给有了新的需求。一方面，随着新媒体的发展，新兴出版业有了巨大的发展空间；另一方面，传统出版业的增长也留有一定的余地。出版业的发展前景广阔，在未来很长一段时间内都有着巨大的需求。[1] 与此同时，出版业的持续快速增长对我国居民消费结构从“日益增长的物质文化需要”向“日益增长的美好生活需要”的转型升级发挥日益重要的作用。

（二）出版产业正成为新一轮信息技术拓展发展的主战场之一

随着互联网的不断普及，新媒体的迅速发展，我国新闻出版业处于产业转型的过渡期，在这个时期，传统动力在不断弱化，新生动力逐渐生成，为了化解矛盾，实现稳步增长，我国出版业必须着力于经济发展方式的转变，不断调整经济结构，推动传统出版业和新媒体的融合发展，这是解决目前周期性和结构性矛盾

---

[1] 李军.“十三五”新闻出版产业发展前景展望[J].中国出版,2016(9):11-14.

的最佳良药。国家对于复合出版、数字版权保护技术研发等项目给予了经济和政策上的支持，以推动出版融合的进一步实现。不管是“互联网+出版”，还是“出版+互联网”，内容建设始终要摆在首要位置，在充分利用新技术的基础上，提升生产效率，不断推动我国出版业的发展，尽快形成核心竞争力。换言之，在内容和技术中，我们必须将更多的精力花在内容上，而非技术上。新闻出版产业长期高速增长，是新一轮信息技术拓展发展领域，深化融合实体经济，从而创新发展模式，培育新业态和增长点的一个热点领域，其中的内容创作环节更是这些转型升级成果得以实现的基本前提。❶

最后，值得一提的是，书籍是人类进步的阶梯，在人类文明史上，书籍、报纸、期刊等纸媒体发挥过巨大的推进作用。20 世纪 70 年代末到 2000 年，传统纸质出版物仍然是大众获取知识技能的最重要的媒介载体，尤其是教材教辅，长期占据我国出版业半壁江山，在提升国民受教育程度、提高劳动力素质、传播资讯等方面起到了不可或缺的作用，客观上推动了国民经济的高速增长。

三、出版产业对提升我国经济文化的国际竞争力至关重要

（一）我国是全球第二大图书市场

目前，从国别看世界图书市场结构的集中度非常高，排名前六的国家拥有全球图书市场 2/3 以上的份额，而且市场集中度越来越高，其所占份额比例还在逐渐扩大，只有少数几个国家在全球图书产业拥有支配地位。世界上排名前六位的图书市场依次是美国、中国、德国、日本、英国和法国。美国占全球市场 30% 的份额。中国居第二位，占全球市场 17% 的份额，虽然不及美国，但相当于排序在第三位到第五位三个国家的总和（表 3-5）。

表 3-5　2015 年世界六大图书国占全球图书市场份额

国家	占全球图书市场份额/%
美国	30
中国	17
德国	8
日本	5

❶ 李军.“十三五”新闻出版产业发展前景展望[J]. 中国出版,2016(9):11-14.

续表

国家	占全球图书市场份额/%
英国	4
法国	3
其他国家	33

（二）中国是拉动全球图书业增长的引擎

不仅图书总量规模巨大，40多年来，我国也是全球图书市场增长最快的市场，是拉动全球图书产业增长的引擎。世界前六大图书领先市场的增长情况大不相同，近年来，中国市场是全球前六大图书市场中唯一能够保持持续增长的市场。如图3-9所示，美国和英国是最大的英语国家，受2008年金融危机的影响，电子出版对传统出版产生冲击，美英两国传统出版业处境艰难，2013—2015年恢复年均2%左右的增长速度；同期德国、法国和日本收益一直呈现下降态势。受宏观经济不景气、人口结构老龄化等社会因素影响，2015年日本图书业出现了10%的负增长，增长率排在前六位国家的末位。如果未来十年继续保持这样的增长格局，中国将超过美国，成为全球第一大图书市场，并将在全球图书市场总量中占到超过三分之一的份额。另外，正是中国图书市场的增长带动，全球图书市场的增长才得以保持过去几年的稳定增长趋势，离开中国的增长带动，全球图书市场基本上处于零增长状态，所以，中国现在及未来较长时期都是全球图书市场的主导性增长带动力量。

国家经济的发展和国民对未来的预期是一个国家图书市场整体增长的主要因素。2017年国际知名书业研究咨询机构RWCC发布《2016图书商业报告》，该报告指出，除了中国，巴西和墨西哥等发展中国家的图书市场也出现了增长。这几个国家拥有大量的新中产阶级，他们重视子女教育，对图书消费有强烈的需求。如果一个国家的经济发展停滞、萧条，图书市场的势头随即发生变化，俄罗斯是最典型的代表，整体经济和图书市场均明显下降。

（三）全球教育出版市场上中国出版力量正异军突起

教育出版是各国出版的中流砥柱，在出版业细分产品市场占据主导地位，可以反映出该国出版业的地位。2015年全球排名前10位的出版商中，英国培生集团仍稳居全球出版企业规模第一（图3-9）。主营大众出版的有四家：企鹅兰登出版集团、阿歇特出版集团、凤凰出版传媒集团、西班牙星球出版集团（Planeta）；主营教育出版的有三家：英国培生集团、中国中南出版传媒集团、美国麦格劳-希尔集团；主营学术出版的有三家：汤森路透、励讯（RELX）与威科集团。事实上，凤凰出版传媒集团、中国中南出版传媒集团都是综合类出版商，均有教育出版业务和大众出版业务（图 3-10）。

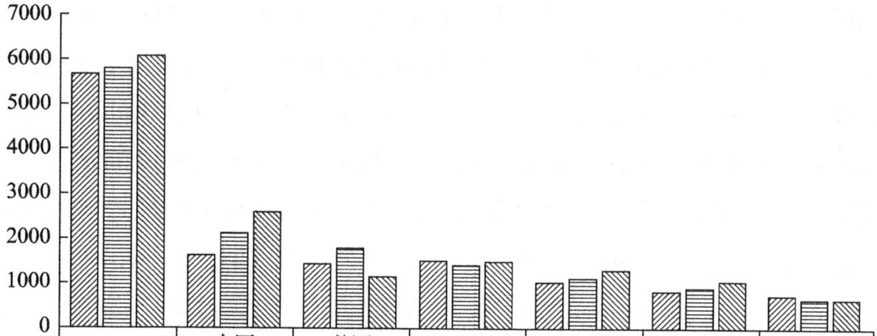

	英国培生集团	中国中南出版传媒集团	美国麦格劳-希尔教育集团	美国圣智学习出版公司	美国霍顿米夫·哈考特集团	中国教育出版传媒集团	西班牙桑蒂拉纳集团
2013年	5655	1621	1434	1510	993	831	738
2014年	5809	2119	1795	1402	1126	910	652
2015年	6072	2576	1151	1496	1297	1056	643

图 3-9　2013—2015 年世界六大图书市场增长（单位：百万欧元）

数据来源：国际书业研究机构 RWCC。

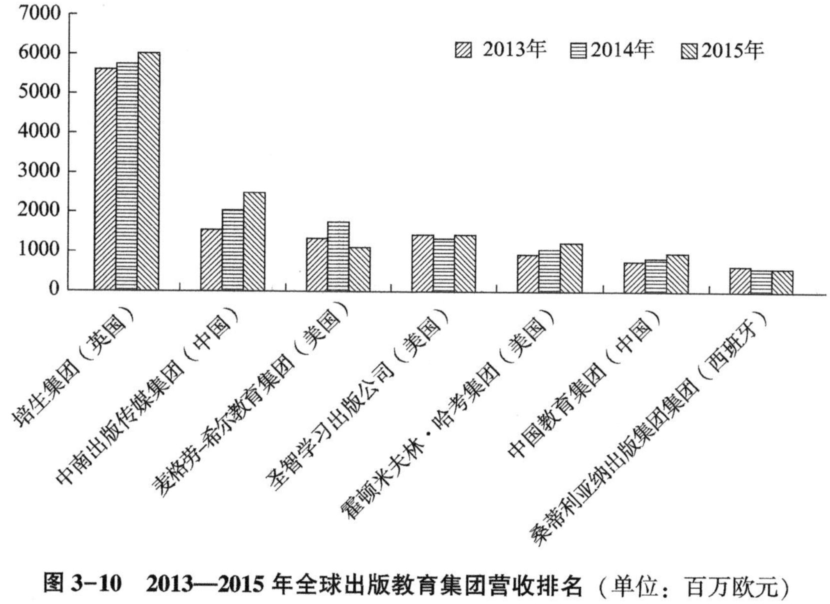

图 3-10　2013—2015 年全球出版教育集团营收排名（单位：百万欧元）

数据来源：国际书业研究机构 RWCC。

面对新媒体技术的变革，大众图书表现异常“坚挺”，没有公司破产或在产权结构上发生根本变动。教育出版商面临更大的挑战、变化更大。比如英国培生集团出售企鹅兰登出版集团、《金融时报》和《经济学人》的一部分等主要资产，究其原因，是因为英国培生集团在北美大学市场的亏损，不得已而为之。

现阶段教育出版面临众多机遇和挑战：首先，新兴经济体对于图书和教材有极大的需求，为全球教育市场带来了新的活力；其次，全球化带来的成本上升远远高于教育出版商收益的增加；用于教材的公共开支不断下降，教材价格飞涨，西方国家读者更多选择租借、回收和复印教材；最后，数字化问题，教育图书领域的数字化不仅来自电脑进课堂等硬件，战略上、技术上先进的企业通过搭建平台来提供学习内容，在中国和多数发达国家，各种教育平台通过互联网既覆盖了传统出版物，也覆盖了用户生产内容，比如公开课、TES（www. TES. com）或者 VitalSource（www. vitalsource. com），课程平台教师和学习者获得大量最新教学资源，问题是这些资源并不全来自出版商。传统出版对线上教育平台的影响和控制十分有限，学生和家长对这些平台的依赖却在逐渐增加，越来越多的学生将其作为课外辅导或学习补充来使用，可以预见，线上平台将彻底改变、颠覆教育出版的传统盈利模式。

第四章 我国出版产业发展的现状、成就与问题

改革开放至今，我国图书出版产业取得了令人瞩目的发展，经历了40多年的高速增长，增长速度远远高于同期国民经济增长率；出版产业规模持续快速增长，成为文化产业核心推动；实物指标和价值指标同步上扬，价涨量增；出版单位数量与规模双重扩张；运营模式市场化手段的采用与市场化程度快速提高；数字出版、互联网出版等新兴出版方兴未艾。本章将从出版产业规模、传统出版产业结构升级特征、数字出版产业成为产业升级主导力量、资本市场助力产业集中度提高等方面阐述出版产业发展的现状。本章的分析建立在2009年至2016年出版产业生产、经营数据分析的基础之上。

第一节 出版产业规模扩大与结构优化

出版产业规模持续快速增长表现在营业收入、利润总额、所有者权益和利润总额这四项关键性经济指标。进入新常态，出版产业经济增速换挡之后的主要动力在于细分市场的技术轮动产生的新的增长点。

一、出版产业经济规模快速扩张

2009年是“十一五”收官之年，2016年是“十三五”开局之年，两年数据做对比，能够反映出版产业8年间的发展、成绩和问题。表4-1为2016年相关经济指标的具体数据。

表 4-1 新闻出版产业主要经济指标对比❶

经济指标	2016 年金额/亿元	较 2009 年增长/%	较 2015 年增长/%
营业收入	23 595.79	128.17	8.96
资产总额（不包括数字出版）	22 070.33	86.27	6.22
所有者权益（净资产）	11 245.45	82.31	6.11
利润总额	1 791.99	100.00	7.82

注：表中经济指标不包括行业服务与其他新闻出版业务、版权贸易与代理，所有者权益（净资产）、资产总额不包括数字出版。

如图 4-1 所示，对比 2009 年和 2016 年的主要经济指标，新闻出版产业的总体规模实现了翻番，营业收入增长 128%，资产总额（不包括数字出版）增长 86%，利润总额增长 100%，所有者权益（净资产）增长 82%。从营业收入、利润与资产总额的比较中可以看出，出版行业资产收益率也明显提高，行业整体经济效益不断改善。

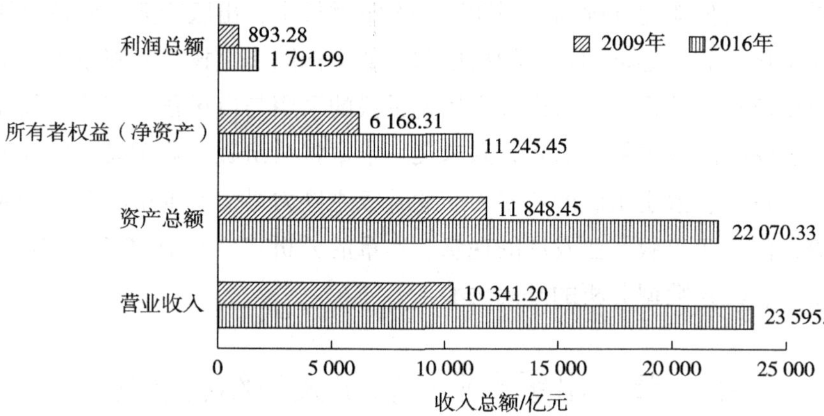

图 4-1 2009 年和 2016 年新闻出版产业主要经济指标对比

从出版产业各细分产业构成看（图 4-1），印刷复制仍然占据出版产业半壁江山达 53.87%，但是 2012 年以来印刷复制平均每年以 1.2% 的速度递减，从行业占比 60% 以上递减至此；数字出版以 24.24% 占据第二位，增速迅猛。出版物发行以 14.52% 排第三位，流通业在出版业的营业收入和利润分成比想象的大很多。图书出版占比 3.53%，报纸出版占比 2.45%，期刊出版 0.82%，传统书报

❶ 国家新闻出版广电总局. 2016 年新闻出版产业分析报告［J］. 中国出版，2017（15）：6-13.

刊仅仅占据行业 6.8% 的比重，占比非常小。而且，传统书报刊所占比重严重下滑的趋势并未得到遏制（图 4-2）。

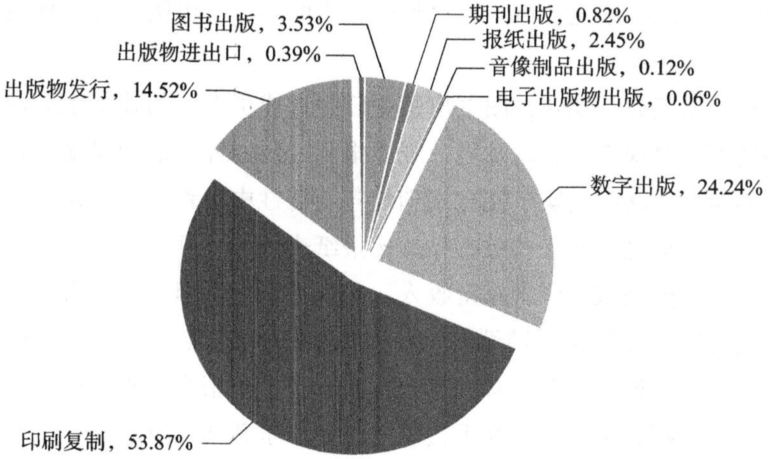

图 4-2　2016 年新闻出版产业子产业营业收入构成图

二、细分市场的"技术轮动"成为增长的主要驱动力

出版产业细分市场结构的变化背后是新技术渗透融合产生的升级力量。在这股力量的驱动下，出版市场呈现出明显的技术轮动特征，新模式新业态不断涌现，增长新动能加速形成。

一般而言，媒介的生存发展与技术变革更新息息相关、密不可分。每一种媒介都是有一定的生命周期的，会受到重大技术变革的影响。随着社会信息化程度的不断加深和互联网的普及，传统的纸质媒体面临着冲击，数字媒体迎来了跨越式的发展，这也表明人们在新闻出版产品和服务等方面的需求有增无减，只是由于时代的变迁，使得人们消费的方式产生了质的变化，渠道变得更加多样化。传统纸媒与数字媒体并不是完全对立的，两者可以在创新发展中相互融合，这才是出版业产业结构升级的根本目标。进入 21 世纪以来，传统出版受到了巨大的冲击，大幅滑落，有的人对传统出版持有悲观、消极的态度，认为纸质图书和期刊已经走到了历史的尽头，即将消亡。但是近年来的发展事实并没有使上述观点得到印证。不仅是传统出版和数字媒体间有着激烈的竞争，互联网内部的冲击也非常明显。在这样的背景下，以图书馆为首的传统媒体在经历了急速的下滑之后，形成了较稳定的阅读群体，这一群体的主要特征是注重阅读品质，与互联网的"快速消费"形成了鲜明的对比。为了稳住这一群体，并使其不断扩大，传统媒体利用自己的优势，抓住这一特定群体的主要特征，不断创新，发展出新的经营模式，积极与新媒体寻求融合，形成很多新的阅读平台和运营模式。展望未来，随着社会分工的不断细化，市场将得到进一步的细分，出版业将出现更加个性化的出版产品与服务模式。

根据目前出版业的现状，图书出版业已经形成了自己的独特细分市场，正在经历结构转型，寻求进一步的发展。纸媒报刊经历的冲击最为显著。报纸通常是传递当天的信息，新闻的实效性在报刊的各项特性中居首位。但是，由于互联网的特性，其传递信息的速度和效率显然比报纸表现得更好。

传统报纸主要是依靠广告获得收入，实现盈利的。但是，随着互联网的普及与发展，这种模式已经无法继续。2012 年以来，报刊业的发行量、用纸量、广告额等方面出现了连续的超大幅度下降，充分显示了报刊业岌岌可危的境遇。

传统报刊纸媒若想继续生存下去，就必须谋求新的发展思路。一方面，报刊要积极寻求与互联网技术的融合；另一方面，报刊要找到自己的细分消费群体和目标市场。经过多年的发展，报刊业以及相应团队的新闻嗅觉和队伍的专业性是毋庸置疑的，在社会上也取得了一定的影响，这都是新媒体所不具备的，也是报刊的优势所在。因此，报刊业要充分利用自己的优势，弥补劣势，无论是选择哪一条路，都应该沿着这一条基本思路出发。

第二节　传统出版业结构升级明显加速

一般而言，产业结构升级是一个从量变到质变的过程，是产业结构从低级形态向高级形态转变的过程或趋势，其主要原因是技术进步和比较优势的变化。过去三十年中，我国出版产业的结构升级取得了明显成就。在我国图书消费升级的引领和驱动下，在信息技术日益融合、新模式新业态不断涌现的支撑下，在国家管理体制和市场格局不断变化的背景下，我国出版产业经历了从劳动密集型增长方式向资本密集型、知识密集型增长方式转变，资源运营增长方式向产品运营、资产运营、资本运营、知识运营增长方式转变，经济增长动力由要素驱动向投资驱动、创新驱动转变。这些积极的转变也成为国民经济转型升级的重要组成部分和支撑力量。

一、消费升级促进出版行业效益和产品品质持续提升

出版是信息的表达和表现，出版产业是文化产业的重要一环，其发展质量关

乎经济发展的总体质量，关乎人民精神文化的质量。随着人们文化消费需求的不断提高，我国图书出版业的多方面指标都在不断提高。2016 年，全国共出版图书约 50 万种，总印张 777.21 亿印张。图书出版实现营业收入 832.31 亿元、利润总额 134.29 亿元，增长 79.60%，较好地满足了人民群众日益增长的文化消费需求（表 4-2）。

表 4-2　2009 年与 2016 年图书出版总量规模对比

总量指标	2009 年	2016 年	增长率%
品种/万种	30.17	49.99	65.69
总印数/（亿册/张）	70.37	90.37	28.42
总印张/亿印张	565.50	777.21	37.44
定价总金额/亿元	848.04	1 580.96	86.43
营业收入/亿元	462.76	832.31	79.86
利润总额/亿元	74.77	134.29	79.60

总量指标中，与 2009 年相比，变化最大的是定价总金额，增长 86.43%，营业收入与利润总额增长紧随其后，增长超过 79.00%；增长最小的是总印张（37.44%）和总印数（28.42%）。说明单品种图书的印张和印数均有下降。从金额增长与其他物量指标相比明显较高的增长率可以看出，居民图书消费的购买力明显提升，对书籍出版印刷的品质要求在不断提高，相应地，出版企业在提供更优质的图书出版产品的同时也获得了比以往更好的经营效益和毛利水平。另据统计，2016 年，我国出版图书近 50 万种，重版重印图书增加了 10.28%，新出版图书的品种仅增加了 0.76%。出版总品种数增长幅度下滑，依然实现了利润增长 7%的目标，说明单本图书得到比以往更广泛的阅读和受众，重版图书比重逐步提高，表明我国出版产品在内容方面也能比以往更好地满足读者需求，图书内容的质量也在不断提升。

二、消费升级促使传统书店运营模式发生巨变

近年来，传统书店行业作为出版行业流通的主渠道正在发生巨变。新逻辑与新模式、新技术与新未来、新商业与新业态层出不穷，整个行业打破了多年遵循的旧的商业模式，展现出活跃、进取、创新的面貌。

长期以来，新华书店是我国出版发行零售的支柱，2017 年 4 月 24 日，诞生

在延安清凉山的新华书店迎来80岁生日，目前全国新华书店1.4万家、从业人员13万人。80多年里，新华书店累计发行图书数以万亿册计，年销售总额超千亿元，影响力辐射海内外。然而书店行业的巨变却是从网络书店、民营书店开启的。2017年书店业发生巨大的变化，领先的书店群体正是通过将读者变成文化消费者、从服务阅读转向服务生活、从图书卖场变成消费空间、从孤靠图书到多元创新，实现了从消费终点到消费起点的模式转变。

（一）书店业的四种新模式

模式一，从书店出发，融入大商业。比如西西弗、言几又。

模式二，从大商业出发，书店和大商业充分融合。比如，日本无印良品服装杂货品牌在店内增加书店、服饰品牌例外投资的方所书店、由建投集团投资的建投书局，SKP MALL创办的品牌书店。以书店为传统业务的江苏凤凰传媒、青岛城市传媒、重庆新华、深圳出版发行集团等多家企业，开发和运营以书店为核心的商业MALL。

模式三，线上图书销售联合线下出版企业开办书店。比如2017年京东与青岛出版集团、中信出版集团签订战略合作协议，开办线下实体书店。

模式四，电子商务领域的两个典型，当当模式和京东模式。当当模式从图书销售起步成为综合电商；京东模式，3C起步增加图书、百货，成为综合电商。

鉴于我国当下消费升级的态势，书店与高质量生活密切相关的特质会促使更多其他业态主动加入书店元素，在高质量发展的今天，去实现商业利益最大化。

（二）驱动传统图书流通模式变革的主要力量

第一，电子商务改变了中国人的消费习惯，居民消费快速转移到互联网和移动互联网上，线下销售型商业缩减线下店铺，转战线上。

第二，电商引发线上线下新零售探索。2017年马云提出“新零售”概念引爆了电子商务公司用互联网思维改造线下商业的热潮。同时，线下传统实体商业开始探索“新零售”。新零售商业形态在变化和迭代中发展得如火如荼。

第三，国民收入增长引发持续的消费升级。在购物消费上，人们更趋于消费优质商品，非购物消费的旅行、电影、娱乐、游戏、图书、艺术、餐饮等出现了数量上和质量上的极大需求。消费升级中书和阅读，体现了消费者对高质量生活的追求。

第四，2017年线下大型购物商城开始大规模地转型，从购物消费场所转变为以餐饮休闲+精神消费为主的非购物消费的空间。期间大型购物商城的改造更多地将高水准的书店视为标配，给实体书店的改变创造了可能。

第五，国家政策扶持利好提振全行业发展信心。2016 年 6 月，11 部委颁布了明确支持实体书店发展的意见，是支持实体店发展的指导性文件。文件明确提出了关于实体书店发展以及缩减实体书店在城乡之间差距的目标，指出，在四年内，要完成实体书店均衡分布的基本体系。实体书店建设体系要涵盖城乡多个领域，不仅包含大型书城，也不能忽视了农村书店的建设。此后，四川、浙江、安徽等地也相继出台了《关于支持实体书店发展的实施意见》。8 月，实体书店资金扶持工作纳入北京市“十三五”时期公共文化服务体系建设中，预计 5 年资金总投入过亿元。2017 年全国各省（自治区、直辖市）陆续制定规划，推出实体书店发展扶持基金，推动实体书店扶持政策落实。2017 年税收优惠政策仍在继续，免征图书批发、零售环节增值税。

实体书店是文化传递和人们在文化层面相互交流的重要场所。实体书店是人民群众文化消费的重要场所，给人民群众带来了新的生活方式，满足人们的文化需求。只有实体书店具备这样一个场景和氛围，才能够把广大人民群众吸引到书店来。现在很多新的书店，其新的业态发展恰好满足了广大读者对新生活、新文化消费的这种需求。❶

（三）实体书店模式创新全面提升了出版产业的服务品质

第一，实体书店从单纯的读者身份到消费者的转变。实现了从读者到新生活、新文化消费者的认知突破。在消费图书的同时，消费书店的氛围和非图书类产品。

第二，实体书店的功能从服务于读者的阅读，转变成服务于消费者的生活。新时代书店在深耕主业的同时多元化发展，为满足人们追求美好生活提供场景。书店带着书所代表的“美好生活”的天然气质，进入任何一个服务于消费者生活的领域，其实都比只提供商品或者服务的店铺，更能提供“消费升级”和“高层次消费”的承诺。

第三，实体书店从专注于卖场到空间概念获得空前关注。领先的书店致力于通过创意、设计、物品在这个空间中的组合，将书店打造成一个人们乐于停留、

---

❶ 徐智明. 实体书店，距离大商业第一次这么近[EB/OL]. [2018-03-26]. http://www.etjbooks.com.cn/post/157/47303.

欣赏，并在其中乐于消费的空间场所。作为一个以购书和阅读作为核心符号的复合空间，书店是商业街区的文化中心、艺术 MALL 的主力空间、城市的文化艺术名片甚至成为一个小型的购物中心，书店的未来还有更多的探索可能性。

第四，实体书店从坚守单一业态图书销售到复合业态营销创新。在新的变革中，实体书店在坚守主业的同时还追求复合业态的创新。把目光放在新零售的广阔业态中。新型书店关注创新，包括创新销售品类、创新空间功能、创新服务项目，甚至将设计美学和建筑美学上的创新应用到实体书店布局。通过创新，参与更大规模的市场、进入更广阔的商业领域。

第五，从终点，到起点。只聚焦单一图书销售，书店是消费的终点，整个买卖过程单调快捷。但是在巨变中，书和书店既是入口也是起点，是消费者买书、消费时间、逛 MALL 的起点或者终点。这是新型实体书店入驻新型消费空间型 MALL 的重要原因。

第六，在全球电子商务发展的过程中，以图书为入口的引流功能，作用巨大。电商巨头亚马逊的电子商务是从图书起步的；京东从 3C 到综合电商的转型，也从销售图书开始起步；当年淘宝商城的发展中，书店也扮演了重要角色，起到了重要丰富 SKU（库存量单位）和引流的巨大作用。

三、期刊出版提质增效成效显著

期刊是出版物中能够实现二次售卖的产品，现代期刊的盈利模式有三个，一是销售期刊本身，二是广告，三是知识产权，其中广告是期刊主要收入来源。2013 年以来，受到新媒体的强烈冲击，期刊广告持续下降，广告收入每年保持在两位数的降幅。由于政府和上级主管部门的支持，大部分期刊“家底厚”，期刊生产除了总印数、总印张较 2009 年下降外，在品种、营业收入、利润等方面都有增长。

（一）期刊业专业化个性化发展特征凸显

据统计，2016 年全国出版期刊总印数 27.0 亿册、总印张 152.0 亿印张，减少速度放缓的趋势显现出来，但是仍然需要引起重视；定价总金额 232.4 亿元，其增长幅度与总印数的降低幅度相当。期刊出版实现营业收入 193.7 亿元，增长率超过三分之一；利润总额 25.7 亿元，增长 107.6%，出版期刊 10084 种，较 2009 年增长 2.37%（表 4-3）。

表 4-3　2009 年与 2016 年期刊出版总量规模对比

总量指标	2009 年	2016 年	变动率/%
品种/种	9 851	10 084	2. 37
总印数/亿册	31. 53	26. 97	-14. 46
总印张/亿印张	166. 24	151. 95	-8. 60
定价总金额/亿元	202. 35	232. 42	14. 86
营业收入/亿元	145. 9	193. 7	32. 76
利润总额/亿元	12. 37	25. 68	107. 60

期刊品种增长的同时，单种期刊印数减少，是期刊出版发行开始缩小读者覆盖范围，进一步突出针对性，提供更个性化服务和刊物质量的重要表现。这一调整不仅使定价水平获得了持续的提升空间，也明显地提升了整体的利润水平，凸显了适应市场需要转型升级的成果。

（二）期刊广告持续下降促使行业盈利模式不断转型

近年来，期刊广告总量急剧下降成为行业发展的突出挑战。当同为平面媒体的报纸广告在 2012 年进入下降趋势时，期刊广告还在顽强增长。但到了 2013 年，期刊广告也无法抗拒传媒环境的变化，转入下降通道。根据 CTR 媒介智讯的广告趋势数据，2016 年期刊广告市场的降速急剧加快，降幅达到了 30. 5%。期刊广告资源量（广告版面）降幅更高达 40. 1%。2016 年期刊广告降幅有逐渐加大的趋势，上半年下降 28. 5%，下半年下降 31. 7%，下半年降幅明显高于上半年，降幅最大的 6 月和 11 月都下降了 37%。

期刊广告市场的下滑源于传媒环境的变化，互联网和移动媒体的发展改变了受众，其对信息的需求方式改变也改变了传播方式，纸质媒体虽然精美有深度，但无法抵御传播环境变化的大趋势。可以预计 2017 年期刊广告市场下滑的趋势，不仅不会改变，甚至可能出现继续加快的趋势，因此转型、互联网+、走融媒体的道路也成为期刊的必然选择。

为了降低这一冲击的影响，期刊广告开始重新调整市场结构，并日益将资源集中在六个阅读群体非常稳定的领域，如个人用品、化妆品、汽车等，使得前三个行业的广告集中度高达 70% 左右，前六个行业集中度超过 80%。与此同时，越来越多的刊物开始开辟各种互联网平台“第二战场”，甚至将发展重心转移到新的平台，把业务领域从简单的传递信息，拓展到与读者高度互动的各种活动组织，并且开始依托过去的新闻力量和行业背景资源，向专业智库转型，成为我国出版业转型升级的一道新的“风景线”。

四、音像制品和电子出版物品质提升成效明显

与报纸命运相类似，音像制品和电子出版物生产发行市场大幅降低，究其根源也是受众阅读习惯的改变。2016 年，全国音像制品出版实现营业收入 27.51 亿元，增长 41.66%；利润总额 3.65 亿元，增长 60.09%。出版音像制品 14 353 种，较 2009 年降低 43.46%；出版数量 22 124.33 万盒（张），降低 43.56%（表 4-4）。虽然越来越多的市场被互联网平台抢占，市场大幅萎缩，但最后剩余的稳定需求却表现出明显的需求忠诚度，所以，音像制品和电子出版物行业，通过聚焦个性化高品质服务，提供不同于互联网平台的差异化市场定位，在发行量大幅回落的背景下，实现了收入和利润的快速增长。2016 年，全国电子出版物出版实现营业收入 13.20 亿元，增长 111.20%；利润总额 2.42 亿元，增长 317.24%。出版电子出版物 9836 种，较 2009 年降低 8.14%；出版数量 29 064.66 万盒（张），增长 26.92%。这些成果为今后进一步转型升级确定了方向（表 4-5）。

表 4-4　2009 年与 2016 年音像制品出版总量规模对比

音像制品总量指标	2009 年	2016 年	增长率/%
品种/种	25 384	14 353	-43.46
出版数量/万盒（张）	39 200.00	22 124.33	-43.56
营业收入/亿元	19.42	27.51	41.66
利润总额/亿元	2.28	3.65	60.09

需要注意的是，电子书营业收入仅占据出版业总营业收入的千分之一，微不足道（表 4-5）。20 世纪很多人担心电子书带给传统纸书的革命并未到来。

表 4-5　2009 年与 2016 年电子出版物出版总量规模对比

总量指标	2009 年	2016 年	增长率/%
品种/种	10 708	9 836	-8.14
出版数量/万盒（张）	22 900.00	29 064.66	26.92
营业收入/亿元	6.25	13.20	111.20
利润总额/亿元	0.58	2.42	317.24

电子书是纸质书的数字化，电子书从形式上打破了纸质书的外观，但变化是表面的，只是把纸张上的字变成屏幕上的字而已。电子书并没有真正改变书这个“容器”。亚马逊创始人杰夫·贝佐斯开创了世界上最大的书店，创造了电子书阅读器成功的产品之一 Kindle。亚马逊在设计 Kindle 时，初衷不是“全面抛弃纸质图书，凭空设想一种全新的读书方式”，而是要在“保留书本带来的美好体验的前提下，增添数字化的魅力”。所以我们看到最近十年来国内外出版业电子书的运营数据，发现，即便是美国、德国、英国等出版业发达国家，电子书的发展也遇到了瓶颈，在整个出版业，电子书没有取代传统纸质书，顶尖出版机构中，最高占比没有超过 25%，纸质书仍然是出版业中流砥柱。

信息技术给出版行业带来的影响是内容升级换代，这一变化使得出版业全媒体化特征日益鲜明。电子书已经完全摆脱了纸张以及纸质印刷，随着科学技术的不断进步，电子书正在朝着图文音视合一的发展，并逐渐成为阅读潮流。

五、报纸出版面临窘境

（一）报纸生产经营进一步萎缩

与出版行业的其他领域相比较，报纸出版行业持续大幅回落形成鲜明的对比。据统计，2016 年，全国报纸出版实现营业收入 578.5 亿元，降低 7.82%；利润总额 30.14 亿元，降低 57.21%。出版报纸 1894 种，较 2009 年降低 2.22%；总印数 390.07 亿份，降低 11.17%；总印张 1267.27 亿印张，降低 35.65%；定价总金额 408.2 亿元，增长 16.06%（表 4-6）。这种回落呈现出不断加速的态势。如都市报零售发行 2015 年下降达 50.8%，订阅量下降超过 50%，读者流失严重。在互联网和其他传统媒体的多重压力下，报纸广告投放量大幅减少，发行量应声下滑。据中国报业协会对 2015 年度全国报纸印刷量的调查统计。2015 年全国报纸印刷总量为 1145 亿对开印张，较 2014 年下降 15.8%，这已是连续第四年下降。2015 年新闻纸用量为 257 万吨，较 2014 年降低 15.7%。

表 4-6　2009 年与 2016 年报纸出版总量规模对比

报纸总量指标	2009 年	2016 年	增长率/%
品种/种	1 937	1 894	-2.22
总印数/亿份	439.11	390.07	-11.17
总印张/亿印张	1 969.4	1 267.27	-35.65

续表

报纸总量指标	2009 年	2016 年	增长率/%
定价总金额/亿元	351.72	408.2	16.06
营业收入/亿元	627.55	578.5	-7.82
利润总额/亿元	70.44	30.14	-57.21

（二）报纸广告大幅下跌

2016—2017 年报纸市场断崖式下降趋势还在继续。报纸广告市场广告刊登额降幅高达 38.7%，广告资源下降 40.7%，其中市场化报纸的降幅更大，党政类报刊在政府资助下一直小幅增长。从 2016 年下半年的趋势看报纸广告的下降速度逐渐减缓趋稳，这或许是连续两年的大幅下降，市场已经触底。《京华时报》《东方早报》的停刊以及浙报传媒出售新闻传媒类资产等事件都在不同的侧面显露出了报业转型的路途之艰难。从短期来看，报刊业要想在市场上继续生存，只能从缩版、降低发行量和裁员等方式入手，但是这不会从根本上改变报刊业的生存状态，也不是长久之计。与之相对应的是以“两微一端”为核心的新媒体的爆发式增长。2016 年今日头条的年度广告营收为 80 亿元。超过历史上所有的报纸和新闻媒体广告营收纪录。2017 年广告额达 150 亿元，游戏广告大批投向今日头条。

（三）党报党刊逆势上涨

2016 年市场化报纸的发行继续下滑。党报党刊得到国家政策扶持，发行量稳中有升。但从长远看报业，如果不能从内部进行改革，适应市场机制，发展前景仍然黯淡。在市场化媒体难以断崖式下滑的泥沼而难以自拔的情况下，党报党刊却实现了逆势上涨，不仅发行收入大幅度上涨而且广告收入也出现了一定程度的增长，原因如下。

首先，党报党刊长期以来靠行政订阅，并没有成为受众的信息入口。近年来，党报党刊得益于行政优势，一方面通过行政订阅，另一方面通过发行提价，拿到了实实在在的真金白银。例如河北省地市级党报的平均发行价已经达到每份每年 525 元，如果一家地市级党报的发行价达到 6 万份，则发行收入就会超过 3000 万元，基本解决了生存问题。其次，党报党刊的广告收入来源主要是各级政府的专版广告。因此，党报党刊逆势上扬无关“二次销售”商业模式，本质是政府购买服务和变相补贴。

报纸发行市场大幅降低，究其根源是受众阅读习惯的改变。互联网对人们阅读和获取信息方式的改变是颠覆性的。一些报纸在改变内容、类型转向、深度报道、改变版式适应新媒体阅读习惯等方面作出了有益的尝试。报纸发行还会继续萎缩，但报纸不会真正消亡，而是成为深度阅读的载体，作为人们获取优质信息、扩展性知识的渠道之一。

第三节 数字出版产业已成为产业升级主导力量

一、数字出版产业规模持续快速扩张

数字出版正以强大的力量融合着传统出版的边界，在信息化浪潮的推动下，数字出版已经逐渐发展形成了一个链条完整的体系。目前，我们所提到的数字出版，涵盖的范围已经非常广泛了，不仅包括早期的电子图书、数字期刊，也包括数据库出版、手机出版物等类型。

2011—2014 年间，我国数字出版保持了年均 30% 以上的增长速度，营业收入从 1378 亿元增长到 3368 亿元，自 2009 年起，数字出版产业实现了飞速的发展，5 年内实现了规模的两倍扩张。在“十二五”期间，数字出版占出版产业的比重在 10% 左右，2016 年，该比重上升至 23%，实现了连续的增长。从 2009 年到 2016 年，数字出版营业收入增加超过 6 倍，利润总额增长到 427. 84 亿元，增长 569. 44% （表 4-7）。

表 4-7 2009 年与 2016 年数字出版总量规模对比

总量指标	2009 年	2016 年	增长率/%
营业收入/亿元	799. 40	5 720. 85	615. 64
利润总额/亿元	63. 91	427. 84	569. 44

根据相关数据统计，在数字出版行业中，发展速度最为惊人的是网络动漫以及在线教育，位居数字出版所属各类别的前两位，尤其是网络动漫营业收入的增长，超过 250%。目前，数字出版业已超过纸质出版物发行，增长速度与增长贡献远远地将新闻出版其他产业类别甩在了身后，成为新闻出版业的第二大分行业和第一高增长行业（图 4-3）。

随着互联网普及程度和智能手机使用率的不断提升，加之互联网广告和网络游戏的发展，数字出版细分市场的“三足鼎立”格局已经大致形成。在数字出版的各类分支中，图书、期刊和报纸的数字化进程并不乐观，成效很不理想，在数字出版行业内的占比很小，发展趋势不乐观。这从一个侧面反映出传统出版业与新媒体的融合效果不甚理想。作为新媒体的“三足”，网络游戏、互联网广告和手机出版业的形成和发展对于传统领域的冲击和挤占非常严重。其中，网络游戏相较而言是对传统领域冲击最小的，原因在于网络游戏的市场群体一直比较独立。从目前的发展现状来看，传统出版业与数字出版之间的竞争实力差距很大，双方处于完全不对等的状态。

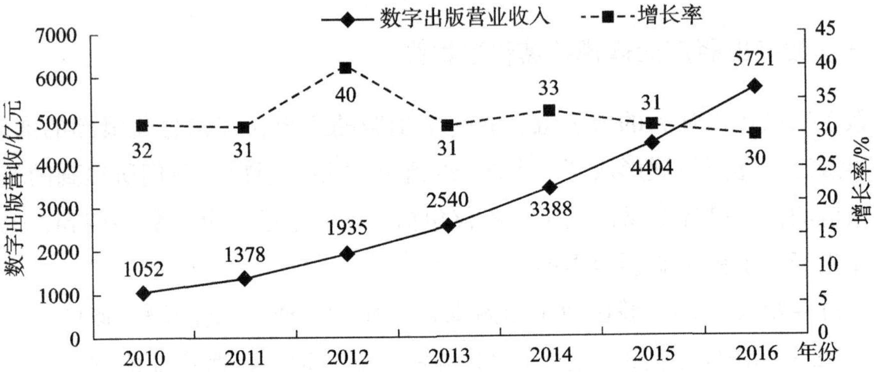

图 4-3　2010—2016 年数字出版营业收入及增长率

二、数字出版呈现更多元化和个性化的业态特点

数字出版比重不断上升，根源上是网络化、数字化阅读的浪潮从需求的源头提供了支撑。数字阅读由于其优势和特点，吸引了一大批相对固定的用户群体。数字平台与社交网络的有机结合更是给阅读平台带来了新的生机，丰富了数字出版的内涵，扩展了数字出版的外延，推动阅读平台的多元化发展。根据中国互联网络信息中心的相关统计报告结果，截至 2017 年年末，我国的网民规模已经超过 7 亿，互联网普及率也有明显提升，取得的发展有目共睹。网民中，移动用户占 97.5%。以手机为中心的智能设备，成为“万物互联”的基础。在各类上网设备中，手机正在挤占其他上网设备的生存空间，伴随着手机网民的急速增长，电脑、平板等设备的使用率均有所下降。新闻、音乐、视频、文学等内容都开始向移动端转移。

目前，新技术与出版产业融合加快，也促使传统出版企业逐步开始转型，丰富了自己提供的产品类型。许多出版企业开始追求全媒体出版，用户可以通过网页、手机客户端、手机网页等各种媒介浏览到同样的内容，探索复合出版领域新道路。产业内部技术的变化、产品的变化导致出版业盈利模式转型，从专注出版领域盈利向全产业链盈利拓展。

在产业规模快速扩张的同时，数字出版的内容也开始升级换代。图文音视合一的增强型电子书正在越来越多地被出版商推出，脱离纸质既有设计，进入独立的美学阶段。出版产品增值空间得到不断扩展，出版企业已经逐渐实现转型，逐步转为多类型产品提供。这一努力进一步促使产业盈利模式从专注出版领域向全产业链拓展。可以说，在数字出版的推动下，转型的氛围笼罩了出版全行业。出版形态、营销方式、内容生产、融资模式都开始面临转型压力。数字出版行业是新闻出版业的战略新兴产业，必将为产业结构调整与升级、开拓与创新，以及出版强国的建设贡献新的力量。

三、互联网平台成为出版物发行零售最大市场

新一轮信息技术不仅创造出日新月异的新业态和新模式，对我国图书发行电子商务平台的发展也起到了决定性作用。如近年来，随着互联网技术的不断进步以及在线消费的普及，大型网上书店取得了飞跃式的发展，许多大型电商平台积极搭建网上书店并得到飞速发展，形成京东、当当、亚马逊三足鼎立的局面。以网上书店为代表的图书发行电子商务的发展逐步走向多样化和专业化（图 4-4）。

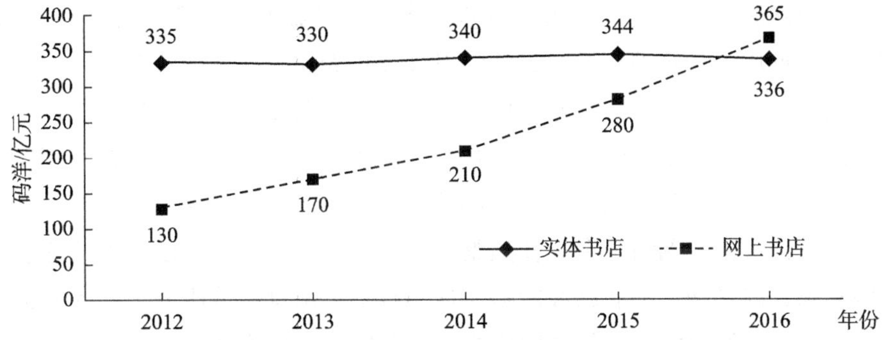

图 4-4　2012—2016 年网上书店与实体书店码洋对比

（一）移动端渐成出版物发行和零售的第一渠道

2017 年，中国图书零售市场总规模为 803. 2 亿元，较 2016 年的 701. 2 亿元同比增长 14. 55%，延续了近年来的增长势头。网上书店渠道依然是市场增长的

主要推动力，实现了25.82%的增长。其中第三方平台业务是网上书店中规模最大的部分，也是增长相对较快的部分。同时，在全国上下大力发展实体书店促进全民阅读的氛围之下，实体书店也走出了负增长态势，实现了2.33%的同比增速。

过去五年中，互联网平台主导地位形成体现在三个标志性变化上。第一，2015年京东图书文娱移动端的订单数量和用户数量已经超过电脑端。第二，2016年我国图书零售市场线上销售码洋总量大约为365亿元，实体书店渠道的销售码洋大约为336亿元，第一次超过线下实体店。2016年，实体书店仍然经历着负增长的状态下，中国图书零售市场销售码洋同比增长了12.3%。整体图书零售市场依然保持10%以上的增长速度，这些增长来自网上书店的贡献。第三，2017年京东超越当当成为出版物网络销售第一平台。同时，纵观京东的用户数量、相关产品的订单量、销量以及营业额等各指标，移动端的数据均在PC端之上，占比达71.6%。根据大型出版机构调研和第三方数据监控公司数据显示，在整个图书电商市场，京东图书销售占比正从30%以上逐渐向40%以上迈进，数字化销售和市场集中度进一步加深。

（二）垂直电商型的网上书店发展态势稳定

最早出现的网上书店均属于垂直电商型。这里面主要包括三类：第一类是指大型网上书店，当当、京东、亚马逊等；第二类是指中型网上书店以及面向专业读者的专业网店；第三类是指网上直营书店。这三类书店出现的历史均为20年左右，已经形成了一定的规模，目前的发展保持着比较稳定的状态。

当当、京东、亚马逊在网上书店中已经保持了明显的优势，形成了网上书店的三个巨头，是网上书店的代表。纵观三个典型网上书店，可以总结出以下共同特点，一是书籍的种类全面、繁多，涵盖了人们生活中可能涉及的各个方面；二是为了提升销售量，网络平台折扣频繁，用户群体广泛；三是已经形成完善的物流仓储链条，许多网上书店已经能够实现当日达、次日达等服务。三大电商经过抢占市场份额、竞争激烈的发展阶段之后，在图书销售方面能够为读者提供的服务和商品基本相同，消费者的体验区别不大。在此背景下，大型电商在图书产品和服务的提供方面发展比较成熟，保持了相对的稳定，整体的发展速度开始逐渐放缓。

2017年之前当当网是国内最大的图书垂直型电商，以销售图书起家，拥有大量的读者群体，逐渐发展为图书、百货、数码的综合电商。当当网主力增长来自当当、天猫平台书店，直营部分的增速已经不到10%。目前，从整体规模、服务能力以及用户数量等方面来看，当当和京东的差距仍然比较明显。京东是网上书店的后来者，从2010年开始网上销售图书。京东最早是作为综合性电商发展起来的，定位非常明确，在发展中积累了较为广泛的客户群体，服务能力较强。因此，京东在图书销售方面有着得天独厚的优势，发展空间广阔，潜力巨大。京东图书的发展实际也正印证了这一点，在成立后一直保持着较高的增长速度，2017年超过当当，成为网上图书销售第一商家。亚马逊的前身是国内大型网上书店卓越网，但在被美国亚马逊收购之后，在高速增长的中国市场水土不服。近几年，亚马逊在图书销售方面打开了新的思路，积极与博库、文轩等网点寻求合作。这些网店是依托新华书店的背景，与数字化相结合而形成的大型网店，在合作与融合中，形成了图书销售的第二梯队。亚马逊在电子书销售上的投入更多，纸质书的销售则下滑严重，销售码洋和当当、京东的差距越来越大。

互动出版网、蔚蓝网等没有强大的资本作为支撑，是国内中小型直营网店的代表，低成本的运作模式是这些网上书店能够持续经营的保证。无法用价格战等方式获得更大市场份额。

垂直电商虽然有着自己的优势，能够提升效率，减少中间环节，主要依托于出版单位或者实体书店。与传统的实体书店相对应，这类网上书店的数量比较可观。这些书店的主要销售渠道仍然以实体书店为主，网店所扮演的角色大多为宣传者，消费者可以通过网店这一窗口对出版社和实体书店有进一步的了解。实际上，如新华发行集团等发展较为成熟的企业依靠的网上书店并没有取得预期的发展效果，取得成功的仍在极少数。

（三）第三方平台快速发展，图书网上销售渠道呈多元化趋势

2014年以来，第三方平台网店高速增长，而以淘宝、天猫为代表的第三方平台在垂直型网上书店增速放缓，在“互联网+”时代，第三方平台的出现给图书经销商打开了新的经营思路，能够以尽可能低的成本开办属于自己的网上书店。

天猫书城由于平台较为广阔，许多网上书店都对天猫书城的发展和扩张十分看好，目前已经成长为国内最大的第三方网上书店平台，进驻书店超过千家，组成包括：新华书店、民营书店、出版单位旗舰店、大量专业书店、大型垂直网店的第三方平台店，图书批发市场的销售被大大排挤、压缩，许多经销商们将业务重心转移到网络销售渠道上来。

经过不断的发展，京东商城的第三方平台自营业务逐渐趋于稳定，拥有了相

对稳定的客户群体。为了进一步扩大平台规模，京东商城加大了建设投入，取得了比较可观的增长速度。发展至今，其他以电器、食品等起家的电商平台也开始纷纷效仿，寻求与第三方平台书店的合作。但是由于这些电商平台的发展速度远不及京东、天猫书城等，在线上图书的投入也不多，综合实力不强。可以预计在无疆界的互联网上，竞争的最终结果是少数几个已经形成规模的寡头电商平台格局。

纵观近几年网上书店的发展，第三方平台所销售图书的质量与网店有一定的差距。根据相关数据统计，第三方平台的图书销售增长中，大部分为“爆品”，销售增长速度最快的图书主要围绕考试、少儿等主题展开。这些图书有一个共同的特点，定价较高，但是折扣普遍低，且通常以套装形式捆绑出售。为了进一步提升知识产权保护的水平，加大盗版打击力度，平台逐渐形成一整套监督和管理体制，但是销售盗版书的情况仍然没有完全被遏制，还时有发生。

有关机构曾经针对网上书店的消费群体进行调查，根据调查结果，有购书习惯的人一般会倾向于在垂直型网上书店消费且已经形成比较固定的消费习惯。偶尔买书的消费者一般目的性较强，购买有明确的方向，会在各大平台进行价格比对，在第三方平台消费的比例较大。第三方平台的出现与发展为传统图书打开了新的销售渠道，有一定的积极作用。但是，目前第三方平台管理和图书质量还不太乐观，未来的品质提升任重而道远。

第四节　资本市场助力产业组织结构升级

一、产业集中度进一步提高

新技术的冲击与国家行业管理体制的不断调整，加上行业需求环境的持续变化，出版产业的集中度明显提高。如表 4-8 所示，2009 年，我国以个体经营户为代表的民营书业在数量上居主导地位，共 22.3 万家，占 2009 年出版单位数量 62.36%。出版法人单位 119 620 家，占 2009 年出版单位数量 33.48%。截至 2016 年，全国新闻出版单位总量为 30.5 万家，减少 14.61%。其中法人单位为 15.2 万家，较 2009 增长 27.34%，占新闻出版单位总数的 49.93%，比重上升 16.45 个百分点。非法人单位 8597 家占新闻出版单位总数的 2.83%，较 2009 年下降 42.09%，比重降低 1.34 个百分点。个体经营户 14.4 万家，占新闻出版单位总数的 47.25%，较 2009 年下降了 35.31%，比重降低 15.1 个百分点。

表 4-8　2009 年和 2016 年新闻出版单位数量与构成对比

类型	2009 年		2016 年		增减百分比/%	比重变动率/%
	出版单位数量/家	比重/%	出版单位数量/家	比重/%		
法人单位	119 620	33.48	152 334	49.93	27.34	16.45
非法人单位	14 848	4.16	8 597	2.82	-42.09	-1.34
个体经营户	222 815	62.36	144 142	47.25	-35.31	-15.11
合计	357 283	100.00	305 073	100.00	-14.61	100.00

长期以来，民营书业是我国出版业一支不容忽视的力量，为出版业的繁荣发展作出了独特的贡献。但按照现行出版管理体制，民营书业难以获得合法的出版资质，绝大部分是以规模小的个体经营户形式在出版、发行、流通领域分布，政策环境对充分发挥民营书业的潜在活力有相当大的影响。目前，国内最优秀的民营书业企业有阅文集团、掌阅科技、当当网、京东图书、中文在线、世纪天鸿、星火教育、江西金太阳、人天书店、钟书阁、字里行间等。

二、集团化经营格局成为主体

截至 2016 年年底，我国共有出版传媒集团 126 家，其中图书出版集团 40 家，主营业务收入 1976 亿元，占出版集团总体规模的 57%；报刊出版集团 47 家，主营业务收入 382 亿元，占总体规模的 11%；发行集团 27 家主营业务收入 1063 亿元，占总体规模的 31%；印刷集团 12 家，主营业务收入 54 亿元，占总体规模的 1.5%（表 4-9、表 4-10）。

表 4-9　2016 年出版传媒集团规模

经济总量指标	出版传媒集团	图书出版集团		报刊出版集团		发行集团		印刷集团	
	金额/亿元	金额/亿元	比例/%	金额/亿元	比例/%	金额/亿元	比例/%	金额/亿元	比例/%
主营业务收入	3 476	1 977	56.87	382	10.99	1 063	30.59	54	1.55
资产总额	6 541	3 387	51.78	1 619	24.76	1 427	21.81	109	1.66
所有者权益	3 540	1 956	55.24	865	24.44	671	18.95	49	1.38
利润总额	296	179	60.31	34	11.49	83	27.86	1	0.34

表 4-10 2009 年和 2016 年总体经济规模综合评价前 10 位的图书出版集团

图书出版集团名称	2009 年排名	2016 年排名	排名变化
江苏凤凰出版传媒集团有限公司	1	1	0
湖南出版投资控股集团有限公司	2	2	0
江西省出版集团公司	3	3	0
中国教育出版传媒集团有限公司	—	4	—
湖北长江出版传媒集团有限公司	7	5	2
安徽出版集团有限责任公司	8	6	2
浙江出版联合集团有限公司	4	7	-3
河北出版传媒集团有限责任公司	10	8	2
中原出版传媒投资控股集团有限公司	6	9	-3
中国出版集团公司	9	10	-1

三、资本市场作用凸显

近年来，出版业上市公司数量的大幅增加，一方面体现出我国出版业资本意识持续觉醒，改革创新势头正盛；另一方面众多出版业上市公司能够顺利过会，一定程度上表明其业绩稳健，足以参与资本市场的竞争，并受到资本市场的认可。走向资本市场，在更加规范的法人治理结构约束下，在资本市场本身高度透明的监督下，出版企业也呈现出进一步稳定主业、提质增效，更加注重内涵式发展的积极变化。

截至 2016 年，中国内地上市的出版传媒集团共有 33 家，其中中文传媒、中南传媒、凤凰传媒、大地传媒、掌趣科技、皖新传媒共计 11 家公司的资产总额、营业收入、所有者权益都超过 100 亿元。在全部 33 家出版传媒集团上市公司中出版、传媒、印刷业务依然是主体业务，平均份额达到 61%。如图 4-5 所示，在数字出版、在线教育、游戏娱乐、大数据等新媒体领域的渗透也更加广泛，发展势头良好。

2017 年，出版企业在资本市场异常活跃，中国科传、新经典、中国出版、掌阅科技、世纪天鸿、山东出版、阅文集团等 7 家出版企业相继在 A 股和港股上市，全年上市出版企业数量创新高，已挂牌“新三板”的中信出版也提交了 IPO 申请拟转战创业板，还有多家出版企业正在排队上市。据统计，到 2017 年年底为止，22 家出版业上市公司的市值在 20 亿元以上，市值过 100 亿元的共有 10 家（图 4-6）。其中，兼具互联网与文化公司属性的阅文集团以 591.89 亿元遥遥领先，且其股票价格也远高于其他公司。中南传媒、山东出版和中文传媒总市值均超过 200 亿元。阅文集团上市之前，中南传媒总市值在 A 股出版业上市公司中稳居龙头地位，反映出投资者对中南传媒价值和可持续盈利能力的认可。

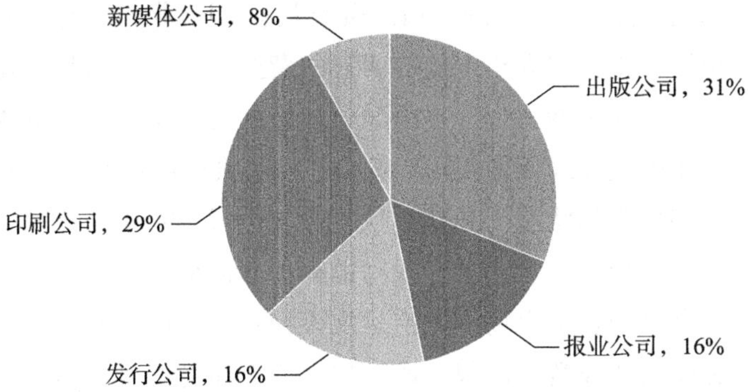

图 4-5　2016 年出版业境内外股市流通市值的公司类型构成

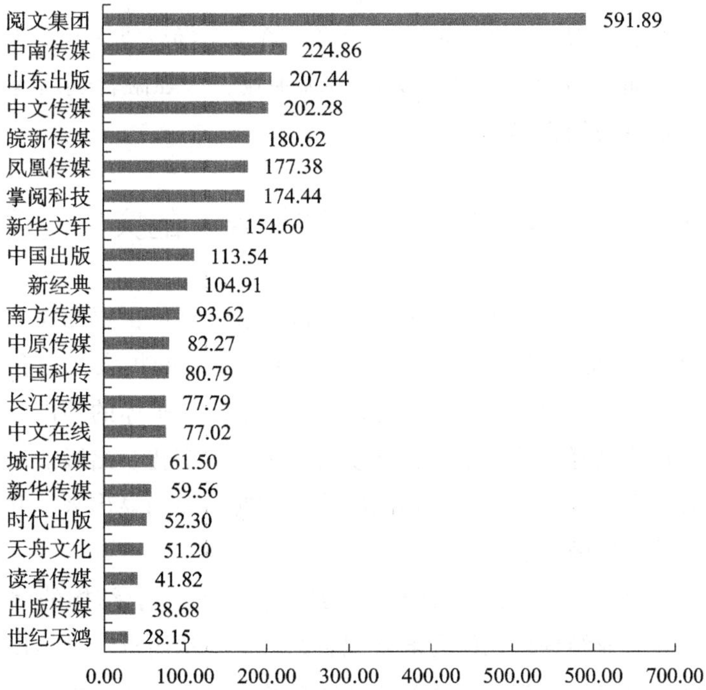

图 4-6　2017 年出版业上市公司总市值情况（单位：亿元）

在传统出版转型升级压力日益增大的背景下，各出版业上市公司也纷纷从规模扩张迈入了内涵式发展，融合发展、产业升级不断提速，资本运作风生水起。如作为民营书业的代表，新经典公司大幅增加自有版权图书的策划和发行业务规模，收购子公司导致无形资产大幅增加。从成长性来看，22 家公司中，2017 年营业收入增幅最大的是主营互联网数字阅读服务和增值服务业务的掌阅科技，同比增长 39.19%。虽然几家互联网公司的资产规模和营业收入与国有控股的大型出版集团无法相提并论，但多年来优势明显的营业收入同比增长率足可见数字出版等新业态的活力与成长性，也反映出融合出版始终是文化产业的大势所趋。另外如数字出版集团中文在线，通过 IP 一体化开发项目落地和数字阅读增值服务一改过去几年利润垫底的状态，利润总额同比增长 73.90%；新华文轩则加大了在大众图书出版、教育服务、图书互联网销售等方面的布局，成效初显。

总体来看，借助于资本市场，无论是规模相对较大的国有控股出版集团，还是小而专注的民营书企或数字出版公司，均在原有品牌优势的基础上进一步调整了内部产业结构，特别是对图书出版、发行、内容策划等主业的凸显，或多或少都体现在年度报告的各项财务指标中。新近加入资本市场的山东出版集团等也通过资本运作壮大了实力，强化了品牌。未来，资本市场或将受到更多有实力的出版企业的青睐，而“双效”并重、突出出版主业、加强融合创新等都将是出版业上市公司的重点规划方向。

第五节　我国出版产业结构存在的突出问题

图书出版在 20 世纪 80 年代实现了第一次辉煌发展，图书品质和数量获得飞速增长；90 年代实现了第二次辉煌发展，产业规模不断扩大，盈利能力不断提高。但自 21 世纪以来，加入 WTO、出版体制改革、新媒体的冲击、文化消费的多元化、出版物连锁经营等图书出版环境发生了巨大变化。出版业出现了增长乏力、盈利能力下降的局面，多年积累的结构性问题日益凸显出来，并成为制约产业可持续发展的主要障碍。

产业结构理论认为，决定一个国家（或地区）的产业结构的因素是极为复杂的，按照一般产业结构理论研究的常规思路，主要从需求、供给以及对外贸易结构三个角度进行分析。中国出版产业结构在整体结构、产业构成、需求结构以及产业结构转型升级、对外贸易结构等方面均存在不同程度的问题。进入 21 世纪，在以信息技术为引导的“新经济”背景下，入世后外国资本的涌入、文化体制改革后进入市场竞争体系的传统出版业、国内互联网巨头布局文化产业、移动互联网迅速上位抢夺主流话语权……由里及外、由外及里的诸多新因素对中国图书出版产业形成了剧烈冲击。粗放型增长方式所掩盖的一些深层次矛盾开始逐步显现出来。中国图书出版业正在面临内部和外部冲击的双重打击，传统的粗放型增长模式已经不能适应时代的发展，要想重新在市场中赢得一定的地位，必须转变增长方式。

一、传统出版产业供求严重失衡

我国出版业已经走过了产业发展中的高速增长时期，“供需错位”已经成为阻挡我国出版产业实现高质量发展的重要障碍，一方面历年积压的庞大库存成为出版业前进的一大包袱，另一方面是出版业供给体系中满足人民美好精神需求的高端产品供给不足，亟须破解去产能、去库存、降成本和补短板等出版业难题。供给侧结构性改革为我们解决这些问题提供了新思路、新视角，出版业供给侧结构性改革的核心正是实现出版业的高质量发展。

出版产业在经历了长期高速发展后，增长率在 2013—2016 年稳定地保持在 9% 左右（图 4-7）。我国出版企业上市公司发展势头十分良好，基本形成百亿级出版传媒集团集群。与此同时，出版行业供给结构不合理现象也日益加重，出版业出现并长期存在“有高原无高峰”现象，导致出版业有效供给不足，产生了极大的库存，严重困扰着出版界。

据中国新闻出版研究院统计，2014 年，全国出版业纯销售为 777.99 亿元，库存（出版社和新华书店系统）则为 1010 亿元，形成严重的倒挂之势。

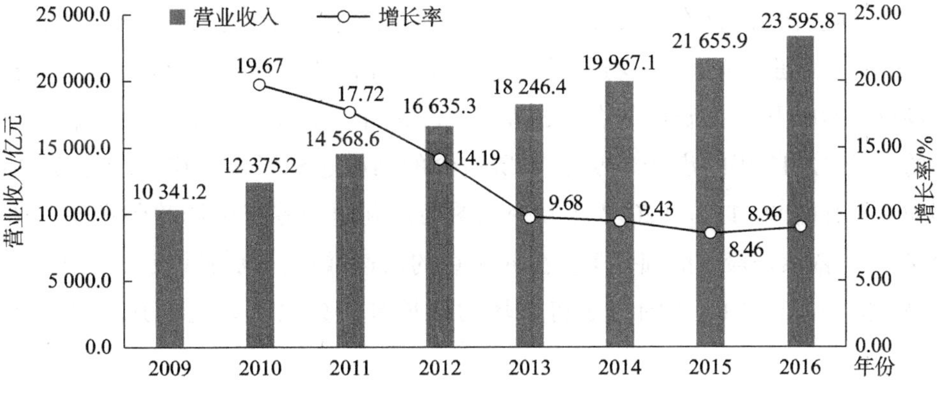

图 4-7　2009—2016 年新闻出版产业增长情况

从图书供给的总体结构看，我国图书出版产业结构一直以来处于不平衡状态，教材教辅类的销售占比较大，在图书出版中的比重高居不下。从出版内容来看，教育、大众、专业出版是出版业的三大类，这与发达国家的出版结构表现出明显地向专业出版发展的趋势形成了鲜明的对比。

从出版供给的规模特征看，我国图书出版多年来一直追求大印量、高码洋的类似于工业化流水线规模生产的发展模式和盈利通道。但近年来随着居民阅读习惯更加多元化的变化，图书出版产品作为个性化特征突出的精神文化消费对象，个体需求的差异化比以往更加突出。这种情况下，出版者以为追求工业化生产方式的规模经济，追求高产能，单维度地提供出版产品，就显得格外地“傲慢”。特别是在社会的多元化背景逐步解构，读者的阅读需求越来越个性化和小众化的时代，作为精神产品的图书，在供给端尤其需要自我调适的能力。由于出版行业对消费者需求变化了解不足，跟进不及时，对消费者的阅读习惯培养不足等，导致我国出版业一方面产能旺盛，我国是世界上出版图书品种和数量最多的国家；另一方面却由于不能提供满足消费者需求的有效产品，而出现明显过剩。

开卷数据提供的《2017 年中国图书零售市场报告》显示，2017 年，我国图书零售市场总规模达 803.2 亿元，较之 2016 年保持了 14.55% 的增长，动销品种规模增长至 189.36 万种，增长 8.19%。2017 年新书品种为 20.40 万种，低于 2016 年的 21.02 万种。与此同时，年销售数量小于 10 本的图书，占全部图书品种的 45.19%，年销售数量小于 5 本的图书，占全部图书品种的 34.5%。网上书店的快速增长和总动销品种的增加，使得整个图书零售市场中的畅销书贡献越来越大。2014 年，图书市场中销量排名前 1% 的图书，为整个市场贡献了 43.73% 的码洋，随后的 2015 年和 2016 年，畅销书的贡献持续增加，2017 年更是增加到了 51.70%，超过一半的市场码洋是由 1% 的畅销书所取得的。2014 年，为零售市场贡献 50% 码洋的长尾共有 155 万种，占到当年动销品种的 98.46%。经过三年的增长，2017 年的市场 50% 长尾所包含的品种达到了 187.67 万种，为 2017 年动销品种的 99.11%。2017 年，少儿图书占到图书零售市场的码洋比重达到 24.64%，依然是最大的细分类。少儿市场的快速增长，也使其成为市场增长贡献最大的类别，2017 年图书零售市场的增长有三分之一以上都是来自少儿类图书。

二、数字出版业产业结构、产业链存在突出问题

近年来，数字出版产业在取得巨大成绩的过程中，还存在急需解决的问题。第一，传统出版业中大部分企业没有健全的数字产品体系，优质数字产品的供给规模不够，制约规模经济的发展；第二，传统出版企业的从业者不熟悉市场经营规律，市场经营能力较差，商业素养有待提高。部分书业企业大规模盈利能力还未形成，在数字出版 5723 亿元的产值中，传统书报刊的数字化收入占比不足 2%；第三，对数字产品的研发、数字技术的应用、数字产品运营销售等方面的研究没有深入开展。具体存在的问题，我们从产业数字化进程、产业链、法律规章三个维度展开论述。

（一）横向：传统出版数字化进程缓慢

尽管近几年我国数字出版业的发展在整体上呈现良好态势，但产业内部的发展水平呈现出不均衡的特征，营业收入比重严重失衡。

从数字出版业内部各行业的营业收入变化情况来看，大部分行业均呈上升趋势，但各行业规模差异明显。研究时段内，营业收入逐年递增的行业包括联网期刊、在线音乐、移动出版、网络游戏、互联网广告五个行业；电子书、网络动漫的营业收入虽在 2011 年略有波动，但总体仍呈上升趋势；数字报纸的营业收入呈现先升后降特征；博客则持续波动，尽管营业收入有高有低，但 2010 年与 2015 年相差不大。在各行业中，移动出版、网络游戏、互联网广告的营业收入远高于其他行业；在线教育行业是 2015 年新增的统计项，但 2015 年其营业收入为 180.0 亿元，居于数字出版业 10 个行业的第四位，已形成一定规模。从各行业在数字出版业中所占比重来看，2010 年到 2015 年，互联网广告、网络游戏、移动出版一直在 9 个行业中居于前三位，2010 年至 2014 年，这 3 个行业的占比接近 95%，其他 6 个行业共同占比仅为 5% 左右。即使在增加新统计项后，这三个行业的占比仍达到 91.7%。其他 6 个行业的营业收入占比虽有变化，但变化幅度不大，大部分在 1% 上下波动。作为数字教育出版的核心组成部分，在线教育在长期布局和市场竞争的作用下，2015 年，其营业收入在数字出版业中占比已经达到 4.09%，发展潜力巨大。根据 2004 年克里斯·安德森提出的长尾理论，在网络时代，人们不应仅关注需求曲线上代表“热卖商品”的前端，还应同时关注需求曲线上代表“冷门商品”的长尾。然而，在追求利润最大化的目标驱使下，数字出版企业将资源更多地转移向 3 个热门行业，而忽略代表需求曲线长

尾的其他行业。

（二）纵向：缺乏完整的产业链

我国数字出版业产业链网状结构已初具雏形，但仍有待完善。从上游主体来看，一方面，由于数字出版的商业模式模糊，其运作更多地依靠信任机制，而目前我国数字出版业监管力度不足，版权保护不力，收益不透明，致使内容供应商对于网络出版缺乏信任，兴趣缺失；另一方面，传统出版业有着较长时间的营运经验，在此过程中形成了稳定和丰富的内容资源，但由于其现代数字技术相对落后，资金不足，以及主观上对数字化转型后纸质书销量的担忧，致使传统出版业无法实现转型，其产品内容也较为薄弱，仅能在微利条件下维持生产，造成资源的大量浪费；此外，缺少技术的内容供应商和缺少出版专业知识的技术服务商之间合作较少，融合程度较低，无法形成整合效应，制约了产业链的进一步完善。从中游主体来看，各主体间、上游主体纵向一体化过程中，存在重复建设的问题，特别是在数据整理方面表现尤为明显，缺乏企业间的战略联盟合作；技术服务商和运营商之间合作潜力并未发掘出来，运营商从拥有先进技术的技术服务商获取的而支持有限，而技术服务商又缺乏内容资源，这制约了二者的发展。从下游主体来看，电子图书、数据库等运营商对于机构消费者依赖度较高，市场开发力度不足，市场化尚未真正形成。从保障体系来看，提供保障的各类组织机构对产业链主体的支持有限。金融更多地倾向于支持具有一定规模的大型企业，而由于新技术的产生和推广，数字出版业的进入门槛大大降低，大量从事数字出版的中小企业应运而生，但资金投入有限，严重制约了其产品的创新和丰富，融资难仍是数字出版业企业发展的重要瓶颈；不管是数量还是质量，现有教育机构培养的人才还未达到数字出版业发展的要求，目前我国人力资源市场上能够胜任数字出版管理的高级人才缺口较大，能够从事数字产品相关技术、产品研发的人员更是严重缺乏。

（三）外部环境：缺乏统一行业技术标准，法律规章不健全

尽管我国制定了行业标准，取得了重大发展，但其发展仍存在一定问题。首先，数字出版业的技术体系尚不成熟，装备体系尚处于探索阶段，各地区相对独立，彼此缺乏融通，无法在全国范围内形成统一的行业总体标准；其次，主体间元数据以及信息交换格式不统一，行业标准尚未形成，对于不同出版商，基本上是一个企业一个标准，即使部分企业试图联盟，统一标准，但其效果也不显著，

目前主要企业的格式仍存在差异。市场的培育和经营规模的扩大，都需要统一的行业标准做保障，可见，数字出版业的行业标准急需统一。

数字出版业的相关法律法规体系尚不健全。首先，由于主体缺乏产权保护意识，部分版权人将作品在网络上发布，但未对作品的数字版权采取保护措施，以至于很多原创者并未获得任何收益，而部分运营商则无偿利用这些参差不齐的内容扩大运营规模，可见，不管是从对版权人的保护，还是对内容的约束角度，相关法律法规都应该进一步建立和丰富。其次，网络出版主体分散，行业技术标准不统一，无法对其进行传统的行政管理，无法实行有效、实时监管，因此，需要更为完善的法律法规来促进行政部门的融合和行业标准的统一。

尽管2015年以来，我国数字出版相关法律法规得到进一步完善，《最高法院关于适用〈著作权行政处罚实施办法〉（修订征求意见稿）》于2015年2月开始公开征集意见；2015年11月，《中华人民共和国刑法修正案（九）》进一步将对网络相关行为的监管纳入法律体系。然而，由于内容主体缺乏产权保护意识、数字出版业监管困难，无法实现预期效果。

三、中国出版产业的需求结构不均衡

（一）总量巨大，人均水平仍然偏低

伴随着我国社会经济发展的是居民生活消费水平的不断提升，消费结构的升级给国内出版产业带来了新的增长动力，对出版产业的兴旺和繁荣提供了物质基础。据统计，2001—2017年我国GDP年均增长8.9%。2016年我国城镇居民人均可支配收入33 616元，年增长率为27.20%；2016年城镇居民教育文化娱乐服务类支出2637.6元，年均增长13.13%。

随着人们生活水平的提升，对于阅读的需求越来越大，我国出版业取得了高速发展，人均出版物的数量逐年上升。但是由于我国人口众多，平均水平仍然不高。跟西方发达国家相比，我国人均图书拥有量仍然较低，供需不平衡的现象非常突出。从传统的报刊角度来看，我国的报纸普及率还很低。举例来说，每天平均十人拥有一份报纸。从期刊的角度来看，每年每人平均拥有的期刊仅2.5册。这些数据表明我国公民的阅读量还很低，也说明我国出版产业的潜在市场十分广阔。

随着基础教育在全国范围内的普及，从1954年起我国的阅读量处于不断上升的趋势。联合国教科文组织报告指出，我国成年人的识字率已经取得了飞跃式

的发展，进入21世纪后，该比例上升到90%以上，增幅在全球范围内名列前茅。报告认为我国的成年人识字率还会进一步上升。文盲人数的减少意味着阅读需求的同步增加，说明我国出版产业的潜在市场十分广阔。2006年，由中宣部、新闻出版总署等部门提出的“全民阅读”活动十余年，产生了显著的成效，帮助人们逐渐培养起阅读的良好习惯，营造了积极阅读的健康环境。

（二）供给不足制约需求结构升级

由于出版产品的有效供给长期处于较低水平，与逐渐增长的需求不符合，我国出版业的供需长期处于不平衡的状态。

一是经济发展不平衡带来的城乡需求差距较大。数据显示，我国出版物零售在城乡的状态差距很大。由于生活状态和受教育程度的不同，城乡居民对于出版物的需求是不同的，在数量和品种上都有明显的差异。但是随着农民生活水平的日益改善，对精神和文化层面的追求变得丰富，也是发展的必然趋势。我国出版物市场目前仍然有城乡分布不平衡的问题存在，而事实上，农村市场的潜在需求更广阔，值得我国出版行业引起高度的重视。

二是我国出版产品需求结构不平衡。在日常生活中，我们也不难看出，人们对于教育类图书的购买是最不犹豫的，为了迎合市场的需求，教育类的出版物逐渐占据了我国出版产品的较大份额。伴随着我国教育经费投入的大幅度增长，课本和教辅材料在图书出版中的比例也随之增加，保持着较高的年均增长率。我国居民对教育的重视带来了对图书和教辅材料需求的激增。纵观世界发展历史，国民收入与文化教育支出的发展过程是有一定规律的，在经历了快速增长的阶段后，会逐步走向稳定并保持。结合我国教育市场的现状，课本和教辅材料的需求仍会保持较长时间的增长，会对我国出版产业的结构产生深远的影响，容易造成出版产品的结构失衡问题。

四、进入壁垒高、市场秩序混乱和体制性障碍制约着高质量发展

（一）行业进入壁垒依然较高

我国是世界上最早使用图书统一编号的国家之一。在我国出版产业具备进入壁垒和退出机制是通过书号管理来实现的。目前只有在我国，仍然将书号作为强制性规定来区分是否为合法出版物。我国对出版业书号采取严格的管理制度，是由中国特殊的市场体制决定的。1956年2月，我国开始使用“全国统一书号”

作为图书出版物的标识。2003 年《出版物市场管理规定》的修订，使得民营发行企业获得总发行权。在此期间，一些民营书企通过与国有出版单位进行合作逐步由出版发行环节进入出版编辑策划环节，并逐渐发展形成一些有社会影响力的品牌。但在图书编辑和印刷环节，仍有诸多障碍。2013 年，党的十八届三中全会指出了进一步深化改革的路径，这为民营书企在政策上扫清了在编辑和印刷环节的障碍。2016 年，图书“制版分离”改革标志着我国出版体制改革步进深水区。这一改革的推行极大地鼓舞了民营出版商，在业界引起了广泛关注。早在 20 世纪 80 年代，随着我国出版物发行体制的重大改革，民营资本开始进入图书零售发行领域和二级图书批发市场。

图书“制版分离”改革将出版环节中的编辑和印刷环节纳入民营书企的业务链条，其意义一方面在于理顺了民营书企与国有出版单位之间现有的业务关系、财务关系；另一方面坚定了民营书商的信心，并鼓舞了更多的民营资本参与到出版产业中来；更重要的是民营书企突破了现有出版权限——自此，民营书企从单纯的图书流通性企业变成了流通兼生产性企业，产业链环进一步打通。

不过，因为出版行业进入壁垒没有完全消除，也出现了大量的新问题。一方面，出版社拼命扩大规模，重量不重质，图书市场繁华，优秀作品很少；另一方面，日新月异的网络技术也给出版行业带来冲击，网络市场如何管理，线上线下如何协调，都为出版业市场带来新的考题，如今是出版业面临转型升级的重要时期。与此同时，出版市场的准入门槛高，监管弱，导致国内出版行业压力小，缺乏竞争意识，不重质量，优秀的出版资源又难以进入。

（二）盗版图书猖獗、非法出版物多

进入壁垒高，进一步诱导了盗版图书和非法出版物问题屡禁不止。目前，我国出版业面临非常严重的问题就是盗版图书猖獗、非法出版物多，可以说，市场秩序问题、盗版问题已经成为出版业生死攸关的头等问题。图书经销者想从盗版图书获取更大的利益，购买者没有版权保护意识，偏向购买价格低廉的盗版图书。而我国针对盗版商品的相关法律制度又不够健全，处罚力度不大，使得盗版图书非常猖狂。尽管相关部门严厉打击图书盗版行为，但从目前的情况看，盗版图书仍然肆无忌惮地充斥在图书市场上。因此目前的图书市场秩序非常混乱，网络与线下盗版产品风行，层出不穷，整体市场环境混乱没头绪。正品图书生存条件恶劣，地位岌岌可危。

（三）产业组织程度较低，规模经济水平较差

进入壁垒进一步制约了产业组织水平的优化升级。纵观世界，大公司、大集团控制市场是目前发达国家成熟出版业的主要特征。譬如企鹅兰登作为全美最大的出版企业，占出版物市场份额的45%。中国出版业则是一种原子型结构，企业分散化、小型化，难以形成规模经济。缺乏规模实力体现在中国四家最大出版社销售额总和不到全国营业额的7%。

究其原因，是因为我国出版业不仅具有一般的行业共性，还带有意识形态的个性。不仅扮演着大众传媒的角色，更重要的还是政府思想宣传的主要渠道，关系国家的安全和社会的稳定，负有重要的社会责任。因此我国出版业市场进入十分严格，但监管又乏力。这导致进入市场的出版社生存压力小，依赖性强、缺乏竞争意识，导致近年来出版社的数量几乎原地踏步，没有大的增长。这表明我国存在出版产业规模化程度低、市场高度集中以及行业的地域垄断矛盾。这样的不平衡现象并不符合出版行业整体形势见好的趋势，极大的影响了出版行业的全面发展。

五、国际化发展水平仍然不足

随着关税与贸易总协定与WTO全球范围数十年的多边谈判，世界各国对外开放市场的进程逐步提高，各国对外贸易依存度也逐步提高。在经济全球化的同时，各国在世界范围内国家形象的建构重心已经悄然发生改变，从传统的经济话语权、政治话语权逐步往文化话语权转变。要想提升国际影响力，增强国际竞争力，就离不开中国文化国家形象的塑造，构建具有中国特色的文化软实力、争取世界范围内的话语权是中国文化产业、出版产业的当务之急。在新的历史时期，出版企业要站在更高的角度，用国际化的目光看待问题，利用“一带一路”的建设成果和便利平台，积极寻求国际合作，提升出版产品的质量，增加文化产品的出口和文化服务的交流，增进国际文化沟通。但从现实状况看，中国出版业的国际化水平仍然不足。

（一）出版业国际化发展取得明显进步

从20世纪50年代开始，我国就同其他国家开展出版贸易和非贸易形式的文化活动。改革开放以来，我国出版业快速融入世界图书贸易。在学术类、技术类、教材教辅等出版物的引进方面为国内经济建设立下了汗马功劳（表4-11~表4-14）。

表 4-11　2009 年和 2016 年出版物进出口经营单位进出口总量规模

总量指标	2009 年	2016 年	增长率/%
营业收入/亿元	52.23	91.52	75.22
利润总额/亿元	2.84	3.31	16.55

表 4-12　2016 年全国出版物对外贸易额

类型	指标	累计出口	累计进口	总额	差额
图书、期刊、报纸	数量/万册（份、盒、张）	2 169.94	3 108.18	5 278.12	-938.24
	金额/万美元	7 785.11	30 051.73	37 836.84	-22 266.62
音像制品、电子出版物、数字出版物	数量/万册（份、盒、张）	11.75	10.81	22.56	0.94
	金额/万美元	3 225.66	25 859.38	29 085.04	-22 633.72
合　计	数量/万册（份、盒、张）	2 181.69	3 118.99	5 300.68	-937.30
	金额/万美元	11 010.77	55 911.11	66 921.88	-44 900.34

表 4-13　2009 年全国出版物对外贸易额

类型	指标	累计出口	累计进口	总额	差额
图书、期刊、报纸	数量/万册（份、盒、张）	885.16	2 794.53	3 679.69	-1 909.37
	金额/万美元	3 437.72	24 505.27	27 942.99	-21 067.60
音像制品、电子出版物、数字出版物	数量/万册（份、盒、张）	10.01	16.74	26.75	-6.73
	金额/万美元	61.11	6 527.06	6 588.17	-6 465.95
合　计	数量/万册（份、盒、张）	895.17	2 811.27	3 706.44	-1 916.10
	金额/万美元	3 498.83	31 032.33	34 531.16	-27 533.50

表 4-14　2009 年和 2016 年全国出版物对外贸易比较

类型	指标	累计出口	累计进口	总额
图书、期刊、报纸	数量变动/万种	145.15	11.22	43.44
	金额变动/亿元	126.46	22.63	35.41

续表

类型	指标	累计出口	累计进口	总额
音像制品、电子出版物、数字出版物	数量变动/万种	17.38	-35.42	-15.66
	金额变动/亿元	5 178.45	296.19	341.47
合　计	数量变动/万种	143.72	10.95	43.01
	金额变动/亿元	214.70	80.17	93.80

根据以上表格数据显示，2016年，在出口方面，全国出版业累计出口数量为2181.7万册（份、盒、张），金额为11 010.8万美元，两个指标较2009年都有了明显的增长。在进口方面，全国出版业累计进口数量为3119.0万册（份、盒、张），金额55 911.1万美元，增长幅度与出口相比较小。

从图书出口的内容结构看，近年来一个积极的变化是，从前，国外读者只关注中医药等传统文化内容，现在目光开始转向中国的政治经济制度等内容，表明我国高速发展的经济和社会已经引起了全球范围的关注和重视。“中国道路”“中国经验”“中国模式”行销世界。中国现当代文学作品也成为“走出去”的重要力量，让全球读者将目光转向了中国。我国学者斩获多个国际大奖，许多优秀的作品被翻译成其他语言，赢得了其他国家的青睐，海外市场正在不断扩张并逐渐稳定，这表明我国的文学市场取得了跨越式的发展和进步。

2009—2016年以来，出版物的营销渠道也在不断拓宽，精品力作不断“出海”。我国出版企业为破解多年来困扰中国出版物“走出去”的渠道难题，已初步构建了包含国际主流营销渠道、海外主要华文书店、重要国际网络书店等在内的国际立体营销网络。中国国际图书贸易集团有限公司、中国图书进出口（集团）总公司等国家队在对外图书销售和出版物数字化、国际化方面参与构建全球大众销售网络，渠道和品牌建设、参与国际市场竞争。

根据《中国文化产业报告（2014）》，2009—2013年我国出版业在版权引进和版权输出两个方面均呈上升趋势，其中相对而言，版权输出的上升速度更为明显，这可以说明推动文化产业“走出去”政策起到了一定作用，但也不能忽视我国出版业仍存在许多问题，出版集团独自开拓海外市场的能力、走出国门的落实程度等都有待于提高。

自21世纪初国家为推动出版“走出去”推出了一系列优惠政策，2003年新闻出版总署提出出版“走出去”战略，一系列扶持出版“走出去”的鼓励性政策也随即出台：2003 年的“金水桥计划”资助外国出版机构翻译中国图书；2004 年“中国图书对外推广计划”对外国出版机构翻译中国图书提供翻译费；2007 年 3 月推出扶持出版“走出去”八项政策，四月发布《文化产品和服务出口指导目录》；2009 年新闻出版总署启动“经典中国国际出版工程”运用项目管理方式对外向型优秀图书选题的出版和翻译提供资助；2010 年提出的“国际畅销书计划”对进入该计划的图书提供大量人财物支持；2014 年的“丝路书香工程”。一系列政策计划的制订和实施体现了国家对对外文化贸易的重视。但是在国家支持企业响应的背景下我国出版“走出去”依然存在很多方面的问题。

（二）我国对外版权贸易存在较大逆差

虽然我国图书出版品种、电子出版物总量、印刷业产值都位居世界前列，但我国版权贸易还存在较大逆差，自 2006 年以来，我国图书、报纸期刊的贸易逆差越来越大，2016 年我国图书、报纸、期刊的贸易逆差分别达到了 9014 万美元、1454 万美元和 13 693 万美元，与我国的出版能力与实力严重不相符。国外图书在中国受追捧程度远远超过我国图书在国外的影响力，欧美文学作品、日本动漫、韩国影视剧在我国拥有广泛的受众，我国图书在国外的受众则相差甚远。我国出版集团虽然数量多规模大，但是出版企业绝大部分的营业利润来自国内市场，对外版权贸易只占我国出版机构利润份额的很小一部分，与我国文化大国的身份极不匹配，与我国世界第二大经济体、第一出口大国的综合国力不适应。

（三）版权输出地域不均衡

我国在版权输出的地域上也很不均衡，我国主要的版权输出国是发达国家，这些国家本身为文化输出国，本国出版产业繁荣完善，国内外出版资源非常丰富，传统文化输出强国对这类国家出版市场已经充分挖掘，中国想要进入这些国家的市场非常困难，像诺贝尔文学奖获得者莫言的作品在美国销售遇到“滑铁卢”，十年销售不到 10 000 册。然而对另外一些文化产业相对薄弱的国家的版权输出只占我国对外版权输出的一小部分，这些国家对国外图书的翻译基本依靠本国翻译人员，出版物种类较少，市场需要往往得不到满足。这些国家对我国出版物“走出去”提供了非常大的机会。

（四）出口出版物种类不均衡外文出版物数量较少

在我国出版物出口中，以外语出版的图书数量非常有限，大部分输往海外市场的出版物都是中文出版物，涉及内容也多为教科书、工具书和童书，很少有涉及我国思想文化意识形态方面的书。一方面是由于国家间的贸易壁垒如高额关税、服务壁垒、数量限制和严格的审查制度，另一方面也是由于我国出版社在翻译和版权贸易方面还缺少作为。这些出版物的主要流通范围是居住海外的华侨、华人以及海外汉语学家，很难进入当地的主流渠道，并产生文化影响。

如图 4-8～图 4-10 所示，我国图书出口的类别很不均衡，占比最大的是少儿读物占到了图书出口总量的一半以上，综合类图书和文化教育类图书只占我国图书出口的很小一部分；在出版物进口中少儿读物的比重则相对较小，与综合类图书平分秋色，与图书出口相比图书进口中文化教育类图书所占比重大大提高，各类出版物比重也相对均衡。

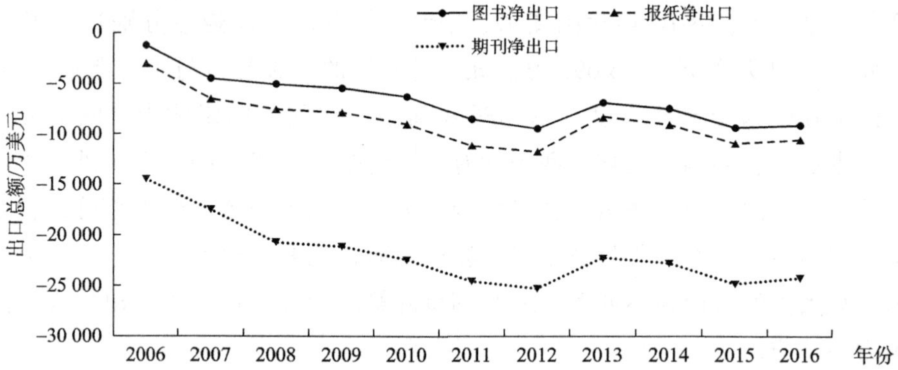

图 4-8　2006—2016 年我国图书、报纸、期刊净出口总额

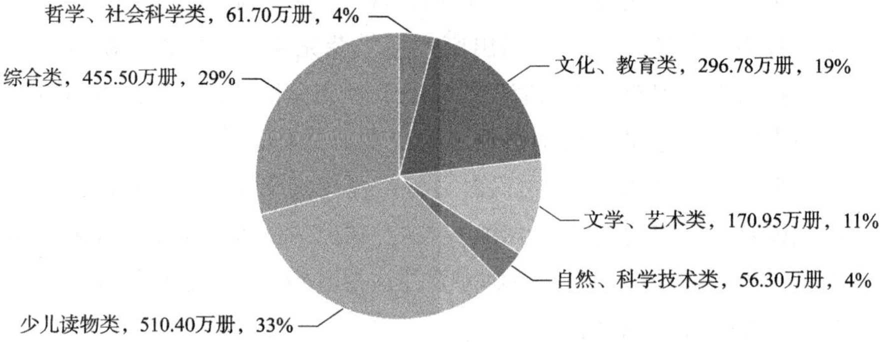

图 4-9　2016 年我国各类图书出口销售量、占比

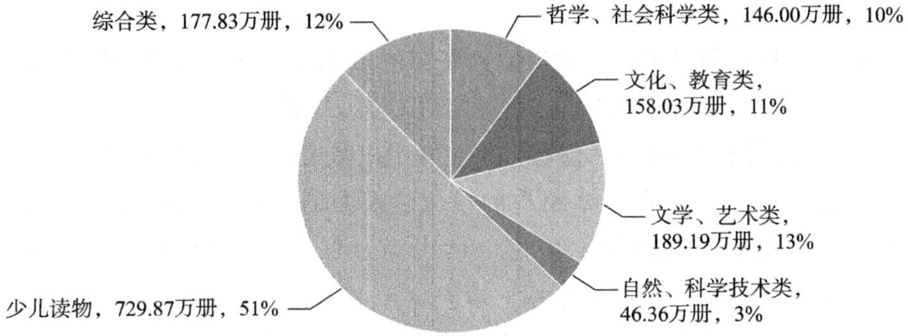

图 4-10　2016 年我国各类图书进口数量、占比

（五）出版外贸人才匮乏

在我国出版“走出去”的过程中，翻译起着非常重要的作用。目前我国多语种翻译人才十分匮乏，这严重阻碍了我国出版业走出去。当前中国出版物出口的翻译工作严重依赖版权引进国家，一些国家的翻译能力也不足以翻译我国一些图书和相关文化产品，还有可能造成出版物的误读和误传，对翻译内容的精准度很难把握。与此同时，我国对翻译人才的培养也远远满足不了我国对外文化贸易的需要。

国际版权贸易人才的缺乏也是阻碍我国版权输出的一个阻碍因素，我国版权贸易从业人员大多对国际版权贸易规则缺少了解，我国使用的是大陆法系而许多国家使用的是英美法系，这两种法系在出版领域一个明显的区别就在于对版权和著作权的定义上，英美法系强调版权，倾向于保护作品衍生出的经济权利，而大陆法系强调著作权，更多地强调保护作者的人身权利，对两种法系定义的混淆也容易造成版权纠纷。版权贸易方面的人才缺乏，使我国出版物走出国门的过程中缺少沟通者，尤其是在一些文化差异比较大的地区，版权贸易人才的缺乏直接影响了外国读者对我国出版物的了解程度，使我国出版物在国际上缺少竞争力。

六、新技术冲击传统营销模式

出版产业传统营销模式是“二次销售”商业模式，指首先把内容传递给观众，并承担了传播者的角色；第二次销售是把传播功能销售给广告主。传统媒体通过第一次销售和第二次销售形成了商业闭环。当然，传统媒体“二次销售”的商业模式之所以能够成立，关键在于是受众获取信息的第一入口或者主要入口。

（一）传统市场化媒体受众大量流失

中国互联网络信息中心（CNNIC）发布的第 41 次《中国互联网络发展状况统计报告》显示，截至 2017 年年底，我国网民规模达 7.72 亿，普及率达到 55.8%。在互联网的冲击下，能够带来更好用户体验的互联网信息平台成为用户获得信息的第一入口。在这些用户中，网络新闻的用户为 6.47 亿，使用率为 83.8%，搜索引擎的用户为 6.40 亿，使用率为 82.8%，网络视频用户为 5.79 亿，使用率为 75.0%，网络音乐用户规模达 5.48 亿，占网民总体的 71.0%；我国手机网民规模达 7.53 亿，网民中使用手机上网人群的占比由 2016 年的 95.1% 提升至 97.5%。其中，手机网络新闻用户为 6.20 亿，使用率为 82.3%，手机网络视频用户为 5.49 亿，使用率为 72.9%，手机网络音乐用户为 5.12 亿，使用率为 68.0%，手机网络文学用户规模为 3.44 亿，使用率为 45.6%；2017 年，中国网民的人均周上网时长为 27.0 小时，相比 2016 年提高 0.6 个小时。而与此形成鲜明对比的则是传统市场化媒体的受众大量流失且快速老化。

（二）互联网广告对传统市场结构冲击巨大

根据艾瑞咨询的数据显示，我国的网络广告已经从 2011 年的 537.7 亿元快速增长到 2016 年的 2902.3 亿元，在短短的 5 年时间内，增长了 4.40 倍，预计 2017 年将超过 3500 亿元。2016 年，电视、报纸、广播、期刊四大传统媒体的广告收入之和应低于 1700 亿元，2017 年则应低于 1500 亿元，网络广告的收入不仅已经远远超过四大传统媒体的广告收入之和，而且到了 2017 年，网络广告收入将是四大传统媒体广告收入之和的两倍多。网络广告收入马太效应明显。2017 年，百度的广告收入 731 亿元，超过报纸、广播和期刊的广告收入之和；阿里巴巴超过传统电视的广告收入，达到 1200 亿元；腾讯的广告收入超过传统报纸的广告收入，达到 400 亿元；今日头条的收入超过期刊或者广播的广告收入，超过 150 亿元。

可以看出，互联网已经替代传统媒体成为用户获得信息的第一入口，进而获得了最多的广告份额，并极大地分流了传统媒体的广告，使得传统媒体的运营难以形成有效闭环，商业模式基本坍塌。

第五章 以高质量发展为核心推进出版业供给侧结构性改革

第一节　高质量发展是出版产业供给侧结构性改革的核心

推动高质量发展是适应我国社会主要矛盾变化的必然要求，是建设社会主义文化强国的必然要求。根据党的十九大报告中关于我国经济状态的相关论述，我国经济已经从注重增长速度转变为注重增长质量，在下一步的经济发展规划中，必须将经济发展的质量摆在首要位置，兼顾效益，从供给侧结构性改革切入，推动我国经济发展质量的提高，转变经济结构，实现经济的健康、平稳发展。2018年中央经济工作会议强调："推动高质量发展是当前和今后一个时期确定发展思路、制定经济政策、实施宏观调控的根本要求。"高质量发展目前已成为中国特色社会主义经济发展的新目标，成为新时代我国经济发展的最新指向，成为我国具体产业结构改革的指导性方针。出版产业在经历长期高速发展后，同样产业结构不合理等结构性问题，致使当前出版业产品难以满足人民日益增长的精神文化需求。为促进出版业发展与当前我国经济新常态相适应，必须转向谋求高质量发展。实现出版业从高速增长向高质量发展转型，需要我们从理论上厘清出版业高质量发展的定义、特征以及具体路径。

一、高质量发展是从出版大国迈向出版强国的必由之路

党中央于 2015 年 11 月提出"推进供给侧结构性改革"，应对中国经济发展

出现的新常态以来，我国产业发展开始转向以增加有效供给来实现经济结构优化，进而促进经济增长由高速增长转向高质量发展。从重视需求侧管理到关注供给侧结构性改革的转变，对应了中央经济工作思路从注重短期经济增长到注重可持续发展以及提高经济增长质量与效益的转变。这种经济新常态同样在出版业中有所体现：一方面，出版业总体保持平稳增长；另一方面，“供给跟不上需求”“供需不匹配”“产能过剩”等问题也在日益挤压出版业的发展空间。

所谓高质量发展，是以较少的生产要素投入实现最优的产出，在发展中能够满足人民日益增长的对美好生活的需要，在发展中体现新发展理念，在发展中使创新成为第一动力、开放成为必由之路、协调成为内生特点、绿色成为普遍形态、共享成为根本目的。供给侧结构性改革和实现高质量发展的核心要义，都是要在我国经济新常态下，以人民为中心，满足人民日益增长的、对高质量产品的需求。

出版是信息的表达和表现，出版产业是文化产业的重要一环，其发展质量关乎经济发展的总体质量，关乎人民精神文化的质量。当前要实现出版产业的高质量发展需要在供给侧发力，而高质量发展的出版业也是推动出版产业供给侧结构性改革的关键。现阶段影响出版业供给侧结构发生重大变化的条件主要有二：首先，技术架构演进是供给侧结构性改革的内生条件；其次，数字化阅读导致的需求结构的改变是推动供给侧结构性改革的外生条件。这两个条件决定了出版业的高质量发展之路在于传统出版与数字生态的无缝衔接，意味着出版产业要满足人民新的消费需求，就必须从简单知识加工、廉价知识售卖的老旧供给模式转向知识深加工、知识立体化开发、知识付费的新供给策略。

总而言之，出版业供给侧结构性改革必须围绕出版内容的创新进行，力求满足人民日益增长的对高质量精神文化消费的需求，其实质核心正是出版业的高质量发展。或者说，出版业供给侧结构性改革的目标是要通过高质量、高品位的出版产品和服务，满足受众群体不断升级的阅读需求，改革的核心是调整出版资源的配置方式和出版物供给结构，“加强优质供给、减少无效供给、扩大有效供给”，努力提高出版供给体系的质量和效率，改变思维，用新发展理念在“供给侧”创造新的阅读需求、激发新的阅读兴趣、开发新的阅读潜能，从而引领新时代文化消费潮流，重视城乡分布不平衡以及供给无法满足需求等问题，将下一步的发展重点放在提升质量、增加效益上，以实现高质量发展，满足人民群众美好生活需要，最终目标是将出版业发展为文化产业的支柱产业，推动中国出版业从大迈向强。

二、出版产业高质量发展应当把握新时代我国社会主要矛盾

随着中国特色社会主义的不断发展，我国社会的主要矛盾已经悄然发生改变。出版业高质量发展的产业战略就是基于新时代我国社会主要矛盾的变化，以及伴随着人们对美好生活的追求而产生的对精神层面的需求，解决出版产业发展不均衡、不充分的问题。

（一）生产力发展水平决定社会主要矛盾

生产力是判断一个国家经济社会发展阶段的重要指标，马克思曾经说过："各种经济时代的区别，不在于生产什么，而在于怎样生产，用什么劳动资料生产。"改革开放以来，生产力有了巨大提升和飞跃，"落后的社会生产"已经成为过去式。我们党科学研判世界经济格局和增长趋势，结合新一轮科学技术发展，全面深化对生产力的认识和布局，提出"稳中求进"的经济工作总基调，同时要不断提升发展的质量和效益。

从我国生产力发展的历史来看，得出从"落后的社会生产"转向"不平衡不充分的发展"的结论是有科学依据的，是理论与实践的辩证统一。与发达资本主义国家相比较，我国过去生产力水平落后的原因是多方面的，比如，劳动者技能和经验不成熟、经济增长依靠大量自然资源和劳动力投入、生态环境遭受污染破坏较重、农业生产和工业生产的国际竞争力低，等等。进入新时代以来，在新的发展理念的指引下，我国生产力快速提升。生态环境改善对生产力的保护和反哺作用明显，可燃冰、页岩气等资源开采技术位居世界领先水平，人工合成材料、风能、核能等领域不断取得新突破。供给侧结构性改革成效显著，市场更稳、企业更活，天宫、蛟龙、天眼、悟空、墨子、大飞机等重大科技成果领衔创新型国家建设。在稳居世界第二大经济体的基础上，我国于 2013 年取代美国成为世界第一大贸易国，对世界经济增长贡献率达到 30%。但发展的同时还面临很多问题和困难：人均 GDP 在中等收入水平，农村贫困人口脱贫，城乡之间、地区之间发展差距有逐渐拉大的趋势；整体发展质量水平不高，效益较低，三产中实体经济并不强大；资源、环境等问题仍有待解决，民生领域还存在较多不足；尚未解决发展不平衡不充分的突出问题。我国经济社会发展中的阶段性特征，一方面是人民群众在解决温饱问题和进入小康社会以后对生活质量的要求有了进一步的提升，对物质文化生活的需求大大增加，开始将注意力转移到政治、民主以及法治等方面的问题；另一方面我国社会生产力和生产方式的发展长期的

不平衡导致我国无法满足人民日益增长的对美好生活的殷切希望。

当前，更好、更快地促进社会生产已经成为新时代实现中华民族伟大复兴的迫切任务，要完成这个任务，要解决两个问题：既要努力解决发展的不平衡即结构性问题，又要努力解决发展的不充分即规模性问题。一方面，在东部发达地区，先进装备制造产业及特种行业拥有诸多“大国工匠”和熟练工人；资源禀赋较强、产业结构层级较高的区域吸引了资金、技术、政策等生产要素；吸收速度快、研发投入多、创新能力强的区域能够充分利用新科技促进劳动生产率的提高、提升生产附加值，比如新能源动力、大数据云计算、自动控制系统、人工智能等。另一方面，在欠发达地区，落后产业和大部分行业依然是以重复性简单劳动和低附加值的劳动为主；资源匮乏、产业结构落后的区域难以形成有效的经济增长动力；消化能力低、研发投入不足、创新能力差的部分产业附加值比较低。

在新的历史方位下，以科学发展和新发展理念来解决不平衡不充分的问题，表明了党更加重视发展质量和效益，同时并没有舍弃发展的速度和规模，这不仅自觉遵循了生产力发展的内在规律，更是充分结合了国情。

（二）正确把握新时代我国社会主要矛盾

自改革开放以来，我国总体上实现小康，解决了十几亿人的温饱问题，我国社会生产力水平总体上显著提高。人民对物质文化生活提出了更高要求，但是长期的发展不均衡拉开了需求与供给之间的差距，阻碍着我国人民对于更高层次美好生活的追求。

随着中国社会经济的不断发展，改革开放进入重要的攻坚时期，新的社会主要矛盾成为判断中国特色社会主义是否进入新时代的科学依据。出版产业从业者应该正确认识和把握这个新的重大政治论断，认识我国社会主要矛盾的转化既是社会发展规律的体现，更是历史进步的必然，社会发展的现实情况决定了我国现阶段出版产业发展生产力的任务依然艰巨，要更加重视解决产业发展出现的不平衡不充分的问题，明确自身所肩负的新时代历史使命。

正视矛盾、面对矛盾、解决矛盾，才能在推动出版产业供给侧结构性改革助力文化强国国家战略、助力“一带一路”总规划，在建设社会主义道路的过程中奋发进取、有所作为。

第二节　影响出版高质量发展的基本因素

出版产业的发展受到所在环境的制约与推动，经济发展因素、社会文化需求因素、消费观念和消费行为因素、技术进步因素、政府行为因素、产业制度因素都会以不同作用机理与方式对其发展产生不同程度的影响。

一、经济发展因素

各行各业的发展都深受经济发展水平的影响。一个国家的经济发展水平是新闻出版产业最基本的经济资源。经济发展水平直接影响了消费者的收入水平和消费能力，最终决定了消费者对文化的需求程度，从而对文化出版产业产生影响。在资本的流动来说，经济发展水平越高，那么出版行业则能获得更多的投资，将为它的发展提供基本的资金保障。

从国内层面来说，长期的经济发展取得了重大的进展，人均 GDP 有了跨越式的提升，按照国际标准，我国已经跨入了中等发达国家的队伍，消费结构随着人们需求结构的变化而发生转变，2017 年我国全年人均 GDP 进一步提高，达到 8836 美元。随着人们生活水平的提升和消费行为的升级，无论是在城市还是在农村，人们的消费意愿发展趋势是一致的，对于精神文化产品的消费需求大大增加。但是受到长期重视经济建设的发展道路的制约，文化产品的供给已经赶不上需求的增长，供需出现不平衡的状态。根据我国全面建成小康社会的整体目标，目标中不仅包含经济方面，还涵盖了文化艺术繁荣以及人民精神生活日益丰富等目标，提出了国际文化软实力大幅度提升等经济层面以外的说法。随着“文化强国”战略的推进，全面建成小康社会的内涵变得更加丰富，涵盖了经济、政治、文化以及精神文明等多个方面的内容。“文化强国”的建设和推进离不开对文化产业的扶持和发展。相比较而言，文化产业所需要的资源少、市场广阔、潜力大，优势十分明显，逐渐受到政府的重视，成为我国经济结构转型和进一步发展新的落脚点和支撑点。文化产业的发展与我国长远的经济发展目标是相一致的，有利于我国发展方式的进一步转变以及经济、社会、自然三者的协调发展。

从国际角度来看，中国在数次金融危机中依然保持着经济的中高速增长，对世界经济增长贡献超过了 30% 。但与我国经济实力快速增长形成鲜明对比的是，文化软实力与美国等西方发达国家相比差距较大，有很大的提升的空间。我国将通过建设“文化强国”，向世界展现我国的优秀传统文化和民族精神，提升我国文化软实力，加快构建国际经济新秩序，展现大国风采。

二、社会文化需求因素

消费者对社会文化的需求推动了媒介变革，而出版形态的发展是由社会文化决定的。纵观历史，我国出版形制，包括简牍制度、卷轴制度、册页制度、数字制度，都是当时社会文化驱动的产物。以造纸术产生与纸媒介使用为例，西汉时期国家政权稳固，经济繁荣，为了加强对国家的统治，政府公布的法令文件越来越多，教育事业的发展也日趋繁荣，这些因素使简帛等笨重或昂贵的书写材料与社会需求越来越旺盛之间的矛盾日趋尖锐，人们迫切需要一种新的书写材料来代替竹木简牍和丝帛作为阅读载体。因此，社会政治、经济、文化等方面的发展为造纸术的发明创造了客观条件。

社会文化的转变是消费者的消费行为变化的重要因素，进而影响新闻出版行业的发展。网络文学出版背后蕴含的社会文化因素是一个典型例子。消费主义文化观是解释网络文学繁荣的一个重要因素。消费主义是指有关消费选择的生活方式和价值观念，消费者在消费的过程中把消费行为作为消费的唯一的目的，通过这种行为来满足消费者的需要和促进社会发展。经济越发展，消费主义文化观渗透得越深入。文学作品是出版产品重要的构成品，消费主义文化观对文学的创作、生产、传播、消费等环节都产生着影响。消费主义文化观催生出网络文学，在信息爆炸的社会中产生了阅读审美的大众化、消费行为的快餐化、产业运营的市场化等特征。

三、消费观念和消费行为因素

消费者对可支配收入的分配方式由他们的消费观念决定，进而影响人们对消费对象与消费方式的选择和实施的标准。随着人们收入的增长与生活水平的不断提高，人们的消费需求已经不满足于传统的衣食住行等基本消费品逐渐向满足身体健康需求的更高层次消费品转移，不仅包含物质需求，更加强调对深层次的精神需求的满足，文化熏陶与知识汲取是人们提升精神素养的根本途径。这就要求出版既要生产满足人们精神方面的文化产品，也要满足其对高品位出版物质产品消费的需求。这个要求推动现代新闻出版产业，一方面强化对内容的管理，内容始终是出版业的灵魂；另一方面随着中国出版业数字化、网络化、信息化的进程，出版业在出版物形态上不断朝多元化、数字化趋势发展。

未来新消费从需求角度向两个方向发展：以追求自身形象和居住环境提升为

终极目的的“美丽产业”、以追求精神愉悦、放松休闲为终极目的的“快乐产业”。人们对自身形象与居住环境提升的追求，以及对精神愉悦、放松休闲的诉求都将驱动人们对新闻出版业的消费需求，进一步驱动出版行业内容与出版物形态的发展。

随着知识经济时代的到来，知识的经济性、时效性越来越强，这就要求人们更快速地掌握知识。从而，人们对获取信息与知识的媒介形式的关注开始发生改变。与传统纸质书籍相比，数字阅读媒体中间环节更少、周期更短。在获取知识与信息的过程中，当代消费者更加倾向于电子书、手机等数字阅读载体。受众对阅读媒介的消费观念与行为的改变，直接影响出版业产业结构的发展，使得传统纸质出版物受到数字出版物的影响，实体书店受到电商的巨大冲击。

需求决定供给。我国国民的阅读需求与行为是决定我国出版业规模的关键因素。从历年全国国民阅读调查看，国民图书阅读率 1999 年为 60%，之后多年呈现倒退趋势，2005 年仅有 49%，2013 年回升至 58%，增速缓慢。国民人均纸质图书的阅读量 2013 年仅为 4.77 本，从 1990 年至 2009 年，国内人均图书消费量始终徘徊不前，我国人均图书消费量增量不到 50%。当然国民纸质阅读量徘徊不前，但是数字媒体阅读量有所提升，这一现象在逐渐拉动我国传统纸质出版业向数字出版方向发展的作用将越来越明显。

四、技术进步因素

技术进步是推动长期经济增长的关键，这是新古典增长学派在经济增长理论的主要观点。出版产业技术进步因素是指出版业发展依靠的科学技术条件，比如国家科技体制政策、社会整体科技水平、出版产业科技成果、出版媒介的新技术、新设备、新工艺、新材料以及新的管理方式等。新技术丰富了出版物的内涵与形式，提高了出版业生产效率，降低生产成本，是推动出版业发展的重要因素。分析出版业的历史可以发现，出版业经历的 3 次技术革命：活字印刷术、激光照排技术、数字出版技术都曾经或者正在作为引擎对相应历史阶段出版业的发展发挥了巨大的作用。以数字媒体技术为例，新媒体技术已经渗透到传统出版业的各个环节，使其在产品形态、运作方式、流通渠道等方面发生了重要变化，促进了数字内容产业的快速形成与融合发展。

五、政府行为因素

政府行为在我国出版产业发展过程中发挥着重要作用。第一，政府通过制定相关法律法规约束出版业经营行为，引导出版产业的战略布局和发展方向，推动出版体制结构改革。第二，通过出台健全网络、图书馆等数字化发展基础设施的建设、技术创新等各项政策，政府为出版业发展提供资源、推动出版业的发展。第三，通过项目补贴、财政投入等专项支出，政府直接拉动出版企事业投资。第四，政府通过全民阅读立法，将全民阅读纳入国家法律制度层面。2014 年《政府工作报告》提出“倡导全民阅读”，表明从政府层面、国家战略高度对全民阅读的推进。2015—2017 年，国家新闻出版广电总局发布《关于开展全民阅读工作的通知》，进一步推动优秀出版产品供给、推动全民阅读的发展。

六、产业制度因素

中国出版产业的制度对出版行业发展产生的制约主要体现在准入制度、内容构成、产权制度三个方面。其中出版产业准入制度由两方面构成：出版业务准入规则和出版单位成立条件。内容质量是出版物的生命，我国出版业内容制度主要是国家鼓励制度创新的政策。我国从法律制度方面出台了一系列的法律规范出版企业的经营行为。比如说，《出版管理条例》（2011 年修订）第二十五条规定了不得含有反对宪法确定的十项出版物；我国全民阅读立法也被列入国家立法程序；《全民阅读促进条例》立法进程大大加快；《国家全民阅读中长期规划》的发布也为出版业提供了方向性的指引。

关于鼓励制度创新方面，2011 年我国推出《新闻出版业“十二五”时期发展规划》、2016 年推出《新闻出版业“十三五”时期发展规划》，对推动内容创新，抓好国家重大出版工程、重点学术期刊等精品工程重点任务具有重要推动作用。出版业的产权制度是决定我国出版行业发展的关键因素。近年来，我国出台了一系列关于产权制度变革的相关法律、规章、政策。其中，2009 年国家新闻出版总署发布相关文件，明确出版行业要全面完成经营性新闻出版单位转制任务，建立现代企业制度等目标，以及新闻出版体制改革的主要任务，即推动经营性新闻出版单位转制，重塑市场主体等内容。

第三节　出版业高质量发展的内涵

出版业发展已经过了追求经济体量的时期，出版业经济增长也不再单纯重视价值的实现，消费者使用价值的良好实现成为出版业发展的目的，党中央、国务院 2015 年出台的《关于推动国有文化企业把社会效益放在首位、实现社会效益和经济效益相统一的指导意见》，特别强调文化企业要在提供精神产品、传播思想信息、担负文化传承使命的同时必须始终把社会效益放在首位，实现社会效益和经济效益相统一。这一文件为确定出版产业高质量发展指明了方向。

高质量发展的出版业指能够更好满足消费者不断增长的精神文化需要、实现出版大国向出版强国跨越发展的出版业高质量发展方式、新的产业结构以及新的增长动力。概括起来，高质量出版业从不同层面理解，包含五方面主要内容：出版产品、出版企业、出版产业和出版服务五个主体的高质量发展。在高质量的出版业生态中，出版产品和出版服务是出版市场中直接满足消费者精神文化的企业产出，高质量的出版业直接表现为产品和服务的高质量；出版企业是出版市场和出版事业中的微观主体，也是出版业高质量生态中联系产业与产品的纽带，出版企业的高质量决定了产品和服务的高质量，决定出版产业的产业发展水平。

一、出版产品的高质量

直观地看，出版产品的高质量体现在印刷质量，这方面在国内印刷技术水平不断提高的背景下，已经达到较高水平，不是出版产品高质量的核心意义所在。相比而言，出版产品的内容质量才是出版产业高质量最为核心的载体。目前，我国部分图书产品是重复的，在前人和外国人设置的话题里面做文章，没有新的思想和智慧。虽然近年来网络文学有些突破，触及到了人类命运、前途和世界共同关注的话题，传统出版领域、有影响力的作者，如近年来较有影响的图书，基本话题都是全球性的公共话题，都是人类共同关注的一些问题。所以，要打造高质量的产品，不是我们的书做得不好。要联系一些大牌作者创作一些作品，过去请了一些外国人写了一些中国的书，但他们观察中国的角度毕竟与我们不一样，能否由中国高水平的作者写些高质量的中国方面的图书？

二、出版企业的高质量

出版产业作为国民经济重要组成部分，其发展实体是各类出版企业，所以，出版企业的高质量是出版高质量发展的行为主体，也是出版产业供给侧结构性改革重中之重的领域。在完成了出版企业市场化改制的基础上，如何运用现代企业制度的治理结构的优势，加快企业更进一步的市场化发展，充分发挥资本市场作用，加快企业国际化发展步伐，同时对出版企业与出版事业进行更科学的界定，在体制制度层面创造良好的发展环境，是助推出版企业高质量发展的关键所在。从企业自身看，如何通过自身经营管理体制的不断优化完善，实现市场竞争力的不断提升，如何依托向社会提供更优秀的文化出版内容和更有针对性和实现个性化的出版服务，实现经营效益的全面提升，构建高质量发展的平台，是出版产业微观层面供给侧结构性改革的根本切入点。在此，与其他工业行业相似的问题是去库存、去产能的问题。所以，如何完善产业退出机制，促进依靠市场化力量，推进行业内部新一轮兼并重组也很重要。

三、出版产业的高质量

从中观层面看，产品的高质量和企业的高质量是产业整体高质量的基础，但不是全部。从整体产业高质量发展的角度看，出版产业如何更好地服务于更大的文化产业范畴，与新技术引领的新产业、新模式更好地融合发展，与国外出版界竞争合作提升国际竞争力，仍有诸多因素是影响出版业高质量发展和供给侧结构性改革的关键问题。其中比如，与西方发达出版业比较，我国出版产业从数量上看，中国出版产业已经够庞大了，2016 年产值 2. 3 万亿元，数字出版占 6000 多亿元，印刷复制业占 1 万多亿元，真正核心的文化创造力的产业还不突出。产业质量要进一步提高，结构进一步优化，资源配置要合理，需要能够站在整个产业发展的利益高度谋篇布局。

四、出版服务的高质量

出版业要坚持互联网思维，服务为先，在服务中获得自己的效益。出版业还没有转变过来，还是先卖产品，还不是先服务后收费。传统出版业改进服务的空间还很大，要提供知识文化信息，除了印刷以外，把自己的资源运用多种形式推送给人民群众。供给侧结构性改革的本质就是服务，从供给侧开始就要考虑终端客户，为客户服务。当然还有其他的供给，公共文化服务的内容，公共图书馆、农家书屋的更新。出版社发行、多功能阅读空间、实体书店、网上书店，整个供应系统要更好地为人民群众服务。这几个方面都要走上高质量发展，使出版业面貌整体上改变。过去曾经经历过书荒的状态，出什么书都能够畅销。现在阅读载体变了，除了印刷品，还有电子书、视频等数字出版物，转场阅读是个重要的变化。阅读的内容是不变的。笔者在党报论坛讲过一个问题，要看到“纸”变“报”不变，把“纸”变成网、屏，内容是不变的；出版业也是这样，内容不变，变的是载体。

五、出版产业组织的高水平

从产业组织角度考察，出版产业高质量，一方面，体现在形成一批具有很强国际竞争力的出版传媒产业集团，能发挥行业发展引领性作用，体现国家和主流价值趋向的宣传需要，以图书为载体把中国文化向全球传播，支撑“一带一路”倡议中文化战略的实施；另一方面，也体现一大批市场化水平高、经营灵活的中小出版企业的蓬勃发展，为社会大众提供多样化和个性化的图书产品，而且能够快速适应信息时代各种新技术新模式新业态的发展需要，加快信息技术与传统出版行业的深度融合，加快出版产业产品结构、市场结构、服务模式的不断创新，活跃文化市场。所以，出版产业供给侧结构性改革实现高质量发展的一个重要体现就是，这两方面互补的出版产业力量优势互补，共同发展，既保持正确的主流文化导向和可持续的发展需要，又有“百花齐放”“百家争鸣”的活跃氛围，既有规模优势突出、国际竞争力强的主导性产业发展力量，又有灵活多样、创新踊跃、新增长点不断涌现的活力源泉。

第四节　高质量发展的出版产业助力文化强国战略

出版产业高质量发展是文化强国战略的重要支撑力量之一，如何更好地支撑文化强国战略的需要，也是出版产业通过供给侧结构性改革实现高质量发展的重要目标。

一、文化强国战略

2011 年 10 月 18 日中国共产党第十七届中央委员会第六次全体会议审议通过《推动社会主义文化大发展大繁荣若干问题的决定》，提出建设“文化强国”长远战略。由于历史遗留问题和传统的不健康经济发展模式，我国落后的文化基础设施建设与我国居民不断提高的精神文化需求和强劲的消费意愿不相匹配，供需不平衡的问题十分显著。为了实现“文化强国”的目标，我国必须将更多的注意力投入到文化产业的扶持与发展中去，不断增加文化产品的供给，满足人们不断增长的对美好生活的追求。党的十八大首次将扶持新闻出版事业、在全民范围内开展阅读活动写入了政府工作报告中，展现了政府对文化产业建设重视程度的提升。在党的十九大报告中，习近平总书记更是针对文化繁荣的重要性做出了一系列新论断，提出了一系列新思想，为今后我国文化产业的发展提供了新的思路和指导方针。习近平总书记还指出，我们必须坚持中国特色社会主义文化发展道路，增强文化自信。

文化强国是相比较而言的。文化强国指的是一个国家的文化，在本国内有很强的文化覆盖率、吸引力、凝聚力、社会推动力，在国际上有很强的文化辐射力、竞争力、影响力、感召力。换一个层面来说，实现文化强国的战略目标，从内在要求和精神层面来看，对内，要推动文化产业的发展，促进文化产业的繁荣，对于人们日益增长的精神文化需求要重视，大力宣传我国的优良民族传统和民族精神；对外，要提升中华文化的国际影响力，提高国家文化软实力。从外在要求和产业层面看，就是要将文化产业建设成为国民经济的支柱性产业，使文化产业的发展繁荣与全面建成小康社会的总体目标相适应，与坚持和发展中国特色社会主义事业的发展要求相适应，与提升综合国力的竞争力相适应，与推动中华民族的伟大复兴相适应。其中，哲学社会科学理论、文学艺术、广播影视、新闻出版这四个方面的文化，是可以作为“排头兵”加以建设发展的、从有形达至无形的产业文化。

二、出版产业在文化强国战略中的作用

出版不仅是文化的重要组成部分，也是传播学术理论、思想精神、文学艺术等其他文化的主要方式途径。出版业作为历史悠久的行业，在新时代和新技术的条件下，要及时适应现代社会中人们对各种信息、技术、知识、文化、思想的渴求，以获得新的发展生机。事实上，在最近十几年的文化体制改革和文化事业发展过程中，出版业作为“排头兵”一直走在文化改革和发展的前列。

建设文化强国的内涵中包含了建设出版强国，两者是密不可分的，一方面，建设出版强国是文化强国的题中之义，也是出版业今后发展的必然趋势，具有一定的历史必然性。当前，我国出版业已经初步形成了适应社会主义市场经济的管理方式、主体结构、经营态势、竞争机制，初步具备了满足人们的精神文化需求和在国际中参与出版竞争的能力，我国可以称得上是出版大国。但是，与发达国家相比，我国的出版业还是有很大的差距。作为文化基础性产业的出版业，首先要实现自身的大发展、大繁荣，成为真正的出版强国，对于国家综合实力的发展有着不可替代的意义，也是推动文化繁荣的必要条件。另一方面，从出版大国到出版强国的道路任重道远。出版强国的建设离不开物质基础的支持，也少不了传播形态的进一步更新。必须着力于组织更多的高质量出版物出版，推动出版体制机制的创新，将现代科技与传统的出版技术融合起来，提升出版业的科技含量和

生产效率，并辅以人才的建设和培养，共同提升我国出版业的综合实力。出版业的发展必须坚持社会主义核心价值体系的建设与宣扬。建设文化强国要求我们把中国建设成为世界出版强国。出版是文化的核心和基础，文化要依靠出版的强大才能真正强大起来。

第六章 出版企业是推进供给侧结构性改革的主体

推动高质量发展，需要全行业不断攻克难关。外部环境和内部环境都会对出版企业的发展产生不容忽视的影响。其中，内部环境包括企业规章制度、企业家精神、企业文化建设等。

第一节 深化出版企业治理结构改革

作为现代企业制度的核心，公司治理结构的优化与否决定了现代企业能否高效运行。具体到出版企业，公司治理结构可以权衡利益相关者间的权责关系，在构建出版企业核心竞争能力以及获取和实现核心资源效能上发挥着越来越重要的作用，对于现代出版企业在市场环境下决策水平的提升以及核心能力的培养具有基础性作用。随着体制改革的不断推进，我国经营性新闻出版单位的转型已经基本完成，行政垄断优势不复存在，出版企业以独立市场主体的身份参与到市场竞争中，自负盈亏。在出版业市场经济秩序完善的大背景下，必然要求我国新闻出版企业在谋生存求发展的过程中建立科学合理的公司治理结构。构建合理、完善的出版企业治理结构，建立起比较完善的企业监督管理机制，以解决传统的内部人控制、委托代理、激励约束机制弱化等固有问题，推动出版企业的改革发展，使其更加适应市场运行规律，使得出版企业在市场经营风险中能够做出科学合理的决策、具有在市场环境变迁中占领市场高地的核心竞争力。这对于在社会资本大量聚集的传媒环境下面临空前竞争压力的出版企业具有重要的战略意义。在新闻出版企业的改制过程中，重点问题在于所有权和经营权分离过程中出现的委托代理关系的协调与处理，主要表现在股东与董事会、董事会与职业经理人之间的关系的处理上。解决出路的关键在于董事会机构的建立。董事会的职责为高度重视股东利益的实现，以忠诚、勤勉的态度对待企业的发展，并与经理人之间形成互相监督与激励的积极态势，处理好出版单位的各利益相关者的利益平衡问题。

西方发达国家的出版企业发展历史悠久，已经形成了相对完善的公司制，公司治理结构主体由股东会、董事会、监事会等机构组成，并已构建了权责相配的激励与约束机制。我国出版企业治理体系发展空间还很大，一些出版企业还未建立现代企业法人治理结构。有一部分企业虽然看起来完成了出版企业的结构性改革，但是由于传统的运营模式已经根深蒂固，治理结构关系流于表面，没有发挥应有的作用。从我国出版企业的转企改制过程来看，大多数企业已经完成，但是相关的治理体制机制还没有形成规模，许多出版单位建立了监事会、董事会，但在实际运行过程中能够真正发挥作用的较少。为了让股东会、董事会等机构真正发挥应有的作用，必须明确出资人的身份和权利，找到法律依据。传统经营模式容易带来“内部人控制”问题，导致权利与义务的混淆和交叉。另外，为了防止出现“一股独大”的问题，出版企业应该积极寻求投资者的加入，分散企业权利，平衡股东的实力，提升决策的民主性和科学性。企业应该积极吸引投资者的资金、人才、管理、市场等资本的投入，形成核心竞争力，提升综合实力，帮助企业在激烈的市场竞争中赢得一席之地。新华传媒、出版传媒等利用自己的发展优势和特点，在吸引战略投资者方面取得了明显的成效，值得其他传媒企业借鉴。职能的发挥必须建立在权利和义务的明确上，只有将董事会的职责用书面的形式确定下来，才能促进企业的各部门各司其职，互相监督、互相制约，给企业发展带来源源不断的动力。

一、内控体系

企业经营水平的提升和管理效率的提高离不开一个有效的内部控制体系。另外，内部控制体系还能帮助企业提升抵御风险的能力。内部控制体系能够使权利的运行更加公开透明，避免出现内部人控制的问题，提高资源配置的合理性及科学性，推进决策民主，让组织运行更加顺畅。内部控制建立起来后，会在企业运行的各个方面产生积极作用，对于公司治理、抵御风险及审计监察等方面也能够产生积极的影响。对于出版企业来说，要想在激烈的市场竞争和经济发展的转型期迎流而上，必须建立起与生产相适应的内部控制体系，进而大大提升企业的运营效率，增加企业的盈利水平，促进企业的可持续发展。

二、激励机制

越来越多的企业开始注重激励机制对企业发展的作用。目前，我国出版企业正在经历制度改革的重要阶段。一个符合企业生产经营实际的激励机制，能够激发员工的积极性，使员工在工作中充满激情，提升对工作的满意度，发挥员工的主动性和创造性，提高出版企业的生产经营效率和盈利水平，达到资源的科学配置，增强企业的创新能力以及抗风险能力。其中，尤为重要的是建立合理有效的经营者激励机制，有效降低企业代理成本，提升企业生产经营效率。出版行业现行的激励机制采用的方式比较单一；激励政策没有配套的制度加以保障；激励形式以短期激励为主。因此，当前的出版企业激励机制不仅未能有效制约和激励经营者，激发普通员工的工作积极性，与出版企业发展不想匹配的激励机制会带来相反的效果，造成企业的短视行为，阻碍了企业的长期稳定发展。

完善出版激励机制是推动我国出版行业长远发展的必然要求，首先要促进出版企业激励形式的多元化，将股票期权作为长期激励机制，将持有人的利益与公司的利益统一起来，让员工意识到企业的未来与自己的发展和切身利益息息相关，降低管理者的代理成本，能够激发持有人的积极性和创造性。根据上级单位的要求，我们应该积极探索特殊管理股试点和股权激励试点。股权激励的方式开始越来越受到企业的青睐。我国企业采取的激励机制中，一般比较重视物质激励，轻精神激励。但是事实上，精神激励对于企业的发展有着巨大的作用。精神激励的核心在于，要重视员工的个人需求，充分考虑员工的意愿，积极发现员工的兴趣爱好与特长，将员工的个人优势同工作相结合，帮助员工设计职业规划，积极鼓励员工实现自己的人生目标。同时，企业要积极为员工提供培训机会，给员工打造提升自己的平台。

三、继续深化出版体制改革

在体制机制上创新，在企业改革上要下功夫，实现现代企业制度、法人治理结构，把企业打造成为一个利益共同体。大型国有企业进行混改的主要目标就是管理层持股，打造利益共同体，没有这样的制度，就无法实现同舟共济的利益共同体。出版业建立现代企业制度后，要进一步建立公司制、股份制，让职工、管理人员的命运绑在一起，真正地同舟共济。这个机制挽救了西方的资本主义，西方国家工人同时也是股东，稳定了企业的发展，使劳资双方的矛盾得到缓和。人民企业需要人民一起来办。多年前笔者就提出这个问题，也进行了一些试点，还要继续做。出版单位人才流失，高端人才流向新媒体、新业态，就是利益机制出现问题。要通过改革建立一个发现人才、使用人才、留住人才的机制。要建立“激励能干事的人、留住有能力的人”的分配机制。改革的任务，体制、机制、企业制度、人才、分配，要进一步突破。

第二节　培育企业家精神和人力资源

一、企业家精神是企业竞争优势的核心

企业家精神对一个企业的发展也是至关重要的，是人们认识企业的重要窗口。全球化进程的加速使得竞争变得日益激烈，企业家精神对于企业综合实力的作用越来越受到人们的重视。真正发挥企业家精神必须将其传播到公司的每个角落，使大部分员工认同企业家精神和管理模式。有些学者专门对企业家精神进行研究，认为企业家精神是企业改革的重要推动力。企业家精神中包含着对风险的抵御能力和承担风险的特质。这两种特质对于企业来说至关重要，能够帮助企业更加敏锐地识别市场需求，在研发、创新、开拓市场等方面都有着重要的推动作用。

经过体制改革的出版业，不同于从前，必须要自负盈亏，完全置身于市场化的竞争环境中，面临着优胜劣汰的压力。因此，出版产业中的相关企业必须认清市场形势，抓住自己的优势和特点，找准定位，争取在激烈的市场竞争中占据一席之地。企业必须要坚持不懈地学习新的知识，掌握新的技术，形成自己的核心竞争力。具有企业家精神的出版企业，一般对市场有着更高的灵敏度，善于把握机会，抓住机遇，提升决策的科学性。另外，这些企业通常还善于学习，积极推动企业的改革和创新，不断适应变幻莫测的市场需求。出版企业属于知识与资本密集型产业，创新是企业发展的唯一出路，只有不断地学习、创新，提升企业与科学技术的结合，才能提升企业的经济效益和社会效益。

二、人力资源是企业竞争优势实现的保障

出版企业要想在激烈的竞争中脱颖而出，就必须拥有不可模仿和不可替代的特质与优势。目前，世界范围内的竞争可以说是人才的竞争。新闻出版业属于知识密集型行业，人才的重要性更是不容忽视的。人才决定了新闻出版业各个环节

的质量，对于新闻出版业生产效率的影响是决定性的，贯穿出版业各个流程阶段。另外，企业的体制机制创新和产品研发也离不开人才的帮助。随着互联网的不断普及和社会信息化程度的提升，在大数据背景下，出版行业对于高素质的专业性人才的需求更是逐步上升。出版企业间的竞争可以说是人才的竞争。

人们在满足温饱后，就开始追求精神层面的满足。随着生活水平的提升，人们在文化方面的需求变得逐渐多样化。互联网使得人们的生活习惯和生活方式产生了巨大的改变，新的产品形式和消费模式开始出现，出版产品不仅局限于实物形式，并且可以以视频、电子书等形式出现。新闻出版业涉及的专业越来越多，学科越来越广。新闻出版业对于人才的需求越来越迫切。为了能够留住人才、吸引更多的专业性、综合性人才到新闻出版产业就业，出版企业需要制定一整套激励机制并不断完善，将长期激励与短期激励并重，物质激励与非物质激励并重。另外，应该加强员工的管理，积极组织员工开展培训，建立起具有差异性的激励机制。对于一些稀缺的、专业性较强的人才，比如首席编辑、首席记者等，要深刻认识到这些人才的不可替代性以及价值所在，要利用更加完善的激励机制留住人才，防止人才的流失。

三、要培养高端人才

出版业高质量发展，核心是高端人才。无论是科学、文学、艺术，没有高端人才，就没有高端产品。这几年，出版界正处在新老交替的大环境中，长期培养造就的一些出版大家、出版企业领导人相继退出岗位，一些知识结构更加优化的年轻人进入出版业，要加强对领军人才、创新人才的培养。今后要制定出版业人才规划，造就高质量出版骨干队伍，进一步遴选一批出版业的人才。

当前，我国缺乏一支顺应时代发展的出版人才队伍。尽管很多高校已经意识到这个问题，并且开设了出版相关专业。但是，大多高校将出版专业作为单一文科类培养，开设的课程以文科为主，但出版专业本应是跨学科的。由此，高校培养出的出版专业毕业生在面对出版企业的人才挑选时，可能会处于被动状态，难以达到企业要求。❶

---

❶ 滕爽. 浅谈数字出版创新型人才的培养[J]. 吉林工程技术师范学院学报，2016，32(11)：29-31.

第三节　加强高水平出版物内容创新和企业文化建设

一、高水平内容创作是出版攻坚战

加强内容建设。要实现出版产业高质量发展的目标，满足人民日益增长的美好生活需要，特别是文化需要，建设社会主义文化强国，就要求多出精品力作，多出人民群众喜爱的高质量优秀读物。为此，一方面，要建立健全精品出版的体制机制和评价机制，引导出版编辑人员潜心做内容、着力出精品；另一方面，要始终不渝抓出版质量，牢固树立质量第一的意识。每年都能有几本在世界上有影响的图书，才能体现中国的影响力。内容上要有科学的真理、要有人类的情怀、要有道德的高度、要有文明进步的趋势，多追求人类共同的东西，站到道义的制高点上。

深耕主题出版，近年来产生了一批学术价值高、政治导向好、受读者欢迎、艺术性强的精品力作。如《邓小平文集（1949—1974 年）》《习近平总书记系列重要讲话读本（2016 年版）》《红军长征纪实》《中国共产党的九十年》等。其中《理论热点面对面》总发行量达 2500 万册；重点出版物《毛泽东年谱（1949—1976）》发行 50 万册；2015 年重点出版物《抗日战争》发行量也很大。

从出版大国到出版强国之路，必须加强图书的内容建设，多出精品力作，提升图书的质量。近年来，出版界越来越青睐主题出版，优秀出版物在四个自信、社会主义核心价值观等方面表现突出。

二、加快版权资源市场化改革

版权资源对于企业来说是至关重要的，是出版企业综合实力的重要组成部分，是企业的核心资源之一。企业拥有版权的规模与质量决定了企业在市场中的竞争力和能够满足消费者日益增长的需求的能力。举例来说，德国贝塔斯曼出版集团的发展就立足于其版权资产。根据对贝塔斯曼出版集团销售收入的分析，由于版权销售得到的收入占企业总收入的比重接近 50%，且版权产品及衍生品的广告销售与开发所占比重占总收入的 15. 7%。然而，我国出版企业在版权管理方面做的不甚理想，属于薄弱点。根据统计，截至 2013 年年底，版权等无形资产的价值在相关账面价值中所占的比重几乎可以忽略不计。在互联网+背景下，版权的作用更加突显出来，是企业核心竞争力的重要组成部分和关键组成要素，出版企业要高度重视版权资源在自身长远发展中扮演的角色和所处的地位，把版权资源的建设放在重要的位置进行考量。

三、企业文化是重要的无形资产

企业文化是企业宝贵的无形资产，企业文化虽然不能直接产生经济效益，但是会在企业的运行过程中发挥潜移默化的作用，影响企业的生产、经营、管理、顾客的消费等方面，间接增加企业的收入。另外，积极向上的企业文化会对员工的工作状态产生影响，提升工作效率，实现自身与企业的共同成长。从本质上来讲，企业文化对于企业本身来说，是宝贵的财富，是推动企业发展的巨大动力。由于其特殊性质，企业文化对于新闻出版企业来说意义尤其重大。纵观全社会分工情况，出版行业的从业人员所获得的报酬在社会上的竞争力不强，企业无法通过薪酬来吸引人才。因此，企业凝聚力、积极向上的企业文化以及强大的企业凝聚力成为新闻出版企业吸引人才的关键。新闻出版企业要重视员工的需求，给员工搭建自我价值实现的平台，提升员工工作积极性，提高企业的整体创造力。

第四节　通过“一带一路”总体规划加快出版业全球化布局

一、内外兼顾，助力“一带一路”总规划

促进出版业对外贸易的发展，对于建设社会主义文化强国、提升国家文化软实力、助力“一带一路”总规划具有重要意义。出版产业是对外文化贸易的核心，加强出版业对外出口是提高国家文化软实力的重要方式，是提高我国综合国力和国际声望的重要手段，是促进国际社会更好地认识理解我国发展的途径，是我国走出去战略的重要组成部分，是改变我国出版业出口逆差的当务之急，特别是“一带一路”倡议的实施，既为我国出版业出口提供了契机，也为我国出版业如何配合国家对外发展战略提出了课题。

（一）“一带一路”总规划为出版走出去提供政策支持

“一带一路”倡议是一个跨越不同地域、不同文明、不同发展阶段的开放包容合作的平台，努力实现与沿线国家政治互信、经济融合、文化包容，在“一带一路”框架内实现优势互补互利共赢的新局面。

为了实现这个目标，首先要促进与“一带一路”沿线国家间的文化交流，

这有助于实现文化包容，从而进一步达到政治互信和经济交融。文化交流的影响是潜移默化的，可以使沿线国家多方位多角度地了解我国的文化、历史，文化交流将会成为与“一带一路“沿线国家政治互信和经济交融的基础和先锋。

（二）“一带一路”规划为出版走出去提供更大可能

自2003年国家新闻出版广电总局制定出版走出去战略开始，我国出版走出去已经经历了长达20年的探索，“一带一路”成为我国出版企业走出去的重要历史机遇。

1. “一带一路”为我国出版走出去提供了庞大的潜在市场

首先“一带一路”地区覆盖44亿人口，经济总量约21万亿美元，人口占到全球的63%，经济总量占全球的29%，为我国出版走出去提供了庞大的潜在市场。随着贸易往来的不断深入，在一定程度上有利于我国出版物走出去。

2. 我国对“一带一路”沿线国家的出版出口潜力很大

通过2016年我国版权输出汇总与“一带一路”建设路线图对比看，我国对“一带一路”沿线国家的版权输出，占我国版权输出的比例很小，因此出口潜力很大。以往我国版权输出对象主体为西方发达国家和经济文化与我国相近的国家，但是效果并不理想，出版物销量往往不高，很难产生文化影响，由于与西方发达国家存在文化差异和贸易壁垒，我国的出版物很难进入当地主流市场，而在与我国文化相近的国家，我国出版物主要阅读人群是当地的华人华侨。

当前，在单贸易保护主义抬头的背景下，我国出版业产业对外贸易格局调整要有顶层设计，要着力提高“走出去”水平和质量效益，要看到我国出版业与其他国家存在的比较优势与比较劣势，加大“一带一路”沿线国家版权输出力度。

在“一带一路”沿线国家间相互合作的过程中，有很多国家对我国的政治、文化、历史都很不了解，很少翻译出版中国的图书，再加上西方强大的舆论传播的影响对我国的误解颇深，这些国家有全方位了解我国文化、历史、政治的需求，针对这种需求深挖我国出版走出去的潜力，将能大大拓宽我国版权输出的地域范围。我们要积极主动与“一带一路”沿线的越南、柬埔寨、泰国等维持良好合作关系，积极参与“一带一路”沿线国家组织的国际书展，互派专家与留学生交流学习，重点拓展周边和“一带一路”沿线国家的版权输出市场。这些国家出版资源还没有被充分挖掘，出版企业还在寻找优质的版权合作商，与这些国家合作我们不仅具有资金优势，还有丰富的出版资源和大规模的出版企业。

二、出版业推进“一带一路”规划，坚持实施本土化战略

推进“一带一路”总体规划，坚持实施本土化战略的首要任务是选题方式本土化。

（一）加强“一带一路”沿线国家为主题的选题策划

整理我国与“一带一路”沿线国家间的历史渊源，例如古代丝绸之路加深了中国与沿线国家的友谊，促进了经贸发展等一系列生动的故事展示我国亲和友好的大国形象。增加各国人民与我国人民的亲切友谊，提升我国出版走出去的传播力。

“一带一路”沿线国家和地区的经济和科技实力往往不是很强，在这方面我们可以出版一些专业性强的科学技术类书籍，既可以绕开一些国家对涉及文化意识形态出版物所设的贸易壁垒，也可以增强我国的国际形象和影响力。表达方式上应避免课堂讲书式的说教式叙述，以讲述“中国故事”的方式增加出版物的可读性与感染力，这样的讲述方式比原来的“讲道理”式的表述更加深入人心，不容易引发读者的排斥。也可以请外国人来讲述“中国故事”，与过去由中国人讲述再翻译成外语的方式相比更为客观。

（二）出版外贸投资方式本土化

我国版权输出方式基本是由中国出版机构与国外出版机构合作共同翻译出版，出版业以跨国投资方式创办企业的很少，在投资方式上采取中外合作出版、中外合办专门的版权交易会、全球专题组稿，以及与国外重要文化机构的平台合作，提升版权输出效益和走出去水平。整合对外合作资源，进一步提升现有海外机构的运作水平，打造更为高效的对外合作、文化交流、市场营销的本土化平台。瞄准原创精品，推进与大型国际出版商及文化机构的合作。

三、用好“一带一路”国家政策，制定出版业精准贸易策略

（一）政府的政策支持与项目推动是出版走出去的强大推动力

“丝路书香出版工程”是我国新闻出版业唯一进入国家“一带一路”倡议的重大工程，涉及重点翻译资助项目、丝路沿线国家出版物互译项目、汉语教材推广项目、中国图书境外参展项目、经典中国国际出版项目等，为“一带一路”沿线国家出版走出去提供了较为具体的指导。但是由于“一带一路”沿线国家

出版产业发展不完善，图书购买力有限，版权保护制度不健全，对这些国家投资所获得经济利益比较差，导致一些出版企业响应积极性不高，对于这些企业需要国家积极引导，加大资助力度，监督执行情况。在宏观层面，国家也要协助出版企业整合国内资源包括发行渠道资源、政府公关资源、媒体宣传资源等，运用国家力量为出版企业解决在走出去过程中可能遇到的困难。

（二）区别对待“一带一路”目标市场国家，实施精准贸易策略

由于各国的发展水平不同、对中国的了解程度不同，可以把“一带一路”目标国家市场进行不同层面的划分。在版权制度层面我们可以把目标市场分为版权制度完善国家和版权制度不完善国家，针对各个国家不同的类型制定不同的版权贸易规则。还可以将目标国家分为对中国文化了解的国家，对中国一知半解的国家和对中国几乎不了解的国家，针对不同类型的国家我们要采取不同的方式进入，对中国文化了解的国家我们可以加大力度出版，出版一些涉及思想文化方面的出版物；对中国文化一知半解的地区可以出版一些讲述中国故事的历史读物；对中国完全不了解的国家往往受西方妖魔化我国的影响严重，进入这些国家时我们要小心谨慎，可以率先进入新媒体领域和科技出版物领域。

尤其是“一带一路”沿线国家和地区是世界文化多样性最为丰富、语言最为多样、宗教信仰最为复杂的地区，世界三大宗教佛教、伊斯兰教和基督教都有广泛的分布，宗教矛盾极端复杂，因宗教和文化产生的地区冲突不断发生，出版物如果忽视了不同种族的文化和宗教信仰，不但不能为我国走出去的战略提供支持和出口创汇，还有可能适得其反，毁坏多年培育起来的民族感情和出口市场。因此我们要特别加强对“一带一路”沿线国家出版物输出的审查工作，招录不同文化、宗教信仰的翻译和编辑人员审核针对不同的国家地区文化和宗教信仰的文化出版物，保证我们的出版输出尊重不同民族的文化和宗教信仰，达到宣传中华民族传统文化、讲好当代中国故事、扩大文化产业出口和广交朋友的目的。

在“一带一路”与出版全球化的历史背景下，我国出版企业应牢牢掌握国家政策，配合国家的大政方针，发扬务实精神，实施好出版走出去战略，把握“一带一路”机遇，积极应对挑战，努力探索，配合文化强国战略提升中国的国家形象、增强文化软实力与中国在国际中的国际影响力，推动社会主义文化大发展大繁荣。

四、借力“一带一路”规划，加快出版业对外开放制度改革

（一）出版全球化已成为不可阻挡的趋势

全球新闻出版市场的一体化程度在不断加深，新闻出版物的开放市场已经成为欧美发达国家的做法，外国出版巨头已实现了全球化分工布局，出版全球化已成为不可阻挡的趋势。一方面，要增加出版信心，启动“引进来”新闻出版项目。通过上海自由贸易区引进发达国家一些主要出版公司，允许外国投资非政治出版物，如学术出版物；另一方面，“走出去”将引导新闻出版业扩大对外交流与合作，推动新闻出版全球化发展，推动文化资源在全球范围内的配置。

欧美发达发达国家不限制出版业的外国投资，并允许创建外商独资或合资出版企业。一些欧美出版集团是大型跨国出版机构，如法国出版集团 Hachette 和德国 Bertelsmann 集团，他们的出版组织机构分布在世界各地的几十个国家。中国出版业的“走出去”项目引起了很多关注，但“引进来”项目遭遇了相当大的阻力。国际合作的主要原则是互惠互利。如果不“引进来”，那么“走出去”也会遇到障碍。

（二）出版企业借力“一带一路”倡议加快全球化布局是推动出版业转型升级的重要力量

出版产业是我国对外开放程度最低的特殊行业之一。首先，“走出去”面临很多限制，中外新闻出版的交流、合作仍然需要严格的审批程序，企业缺乏自主权；其次，“引进来”有更加严格的限制，经历履行加入 WTO 承诺，外资还不能进入中国出版核心领域，也不能在中国设立出版机构。半封闭状态、缺乏制定国际出版规则的话语权、难以参与全球出版体系的分工与合作、游离于国际主流出版市场之外这四大原因是我国出版业长期停留于出版对外贸易的较低水平状态，与世界出版业第二大国地位极其不匹配。

因此，新闻出版业的“走出去”和“引进来”是同样重要的两件事，坚持两手抓，才能真正建立一个开放的新闻出版体系，才能在库存积压严重、传统出版内需回落、受众阅读方式出现年重大转变的局面下，实现产业转型升级、完成出版产业供给侧结构性改革的重要力量。

第七章 融合与创新是培育出版产业高质量发展的新动能

第一节 “新经济”驱动出版产业融合创新

新技术、新产业、新业态是新经济的本质，核心是充分利用新技术助推产业创新、产业融合。在新经济的版图中，大文化、大娱乐、大传媒产业已然发展最快，成为新经济板块的重要增长极。“新经济”环境下，创新、媒体融合、人工智能技术等成为出版产业发展的巨大驱动力量，也是出版产业新一轮发展的新动能。在业内融合发展的同时，出版产业加快了与其他产业的融合，催生了各种新业态不断涌现。

一、“新经济”的基本内涵

（一）国外“新经济”的内涵

“新经济”概念肇始于美国。20 世纪 90 年代，美国经济出现了“二战”以后持续近 10 年的高速增长，GDP 增速达 4%，失业率降到 4%，同时，通胀率也在下降，成为罕见的经济增长奇迹。1995—2000 年美国 GDP 的 30% 来自科技创新❶，而这些创新主要来源于以计算机、信息技术和生物工程为主的技术变革。

---

❶ 2000 年 6 月美国商务部发布《数字经济 2000 年报告》。

这一经济现象最早在1996年12月30日美国《商业周刊》发表的一组文章中被人们表述为“新经济”。之所以称为“新”，是因为依靠科技进步和全球化实现的高速增长、伴随的低通胀和低失业特征，与传统宏观经济学理论描述的失业与通胀逆向而行的所谓“菲利普斯曲线”相背离。

类似美国的发展特征也同样存在于西欧各国。经历了20世纪60年代末至80年代末的经济停滞之后，1999年欧元区国家的经济增长率超过3%，失业率降至10%以下。诸多增长因素中，政府放松市场管制，激励企业加大新信息技术方面的投资发挥了决定性作用。高盛公司首席经济学家托马斯·迈尔指出，“知识主导型企业快速增长、电信等市场全面取消管制”的“新经济”，推动西欧各国经济摆脱了滞胀危机。

亚洲“新经济”的特征主要表现在东南亚金融危机之后，信息技术和相关产业的扩展及全球范围市场扩张带来巨大的回报，对亚洲企业，特别是刚刚加入世贸组织的中国企业产生了巨大的影响，政府和民间投资快速增长，各项宏观经济指标全面改善，形成了可与欧美经济相媲美的快速增长格局。

从具体的概念界定看，“新经济”最初被限定在第三次工业革命浪潮的背景下出现的增长现象，而且主要指美国的经济现象。随着越来越多的国家和地区出现共同的“新经济”特征后，人们开始将其提升扩展为世界范围的新一轮科技、产业革命所驱动的经济活动与经济形态，并开始突出强调新技术变革的主导性作用。与此广义概念形成对比的是，学界专家更多地把以信息、网络等为代表的产业称为“新经济”，把“传统产业”称为“旧经济”。笔者认为，前者相对广义的“新经济”概念，不仅内含着对旧生产力的解放和对旧生产关系的调整，也同时强调通过新生产力的发展来创造新的生产关系，能够更好地把握“新经济”的全貌。

无论如何界定“新经济”，信息技术的主导地位都没有争议，除了直接促成的各种新产业、新业态和新模式外，信息技术对传统产业领域的渗透和改造力量更为深入和广泛，使国民经济诸多被改造中的传统领域都成为“新经济”范畴。“新经济”的范围非常广，包含的内容非常丰富，涉及各种新技术、新产业，还涉及利用信息技术，创新经营模式的新闻、出版、知识服务等领域。

（二）中国“新经济”内涵的创新和发展

关于中国“新经济”的概念，习近平总书记、李克强总理在多个场合作出了精辟论述。目前世界各国面临着新一次工业革命的浪潮，其中，率先渗透到经济社会生活的是信息技术。信息技术已经成为各领域的先导技术，全球正在进入以信息产业为主导的“新经济”发展时期。

“新经济”的内涵和外延很广泛，一、二、三产业全面涉及，既包括三产中的“互联网+”、云计算等新兴产业和业态，也包含工业制造当中的大规模的定制化生产、智能制造等。

当前我国发展正处于培育壮大新动能、加快发展新经济这样一个关键时期。2017 年《政府工作报告》在工作部署中提出“要靠创新推动新旧动能的转换和结构优化升级，加快创新发展，培育壮大新动能、改造提升传统动能”。转变经济发展方式，寻找新动能，将产业从中低端走向高端，推动经济持续健康高速增长，成为当前最迫切的问题。

对于新经济内涵的解读基于两个角度，一是培育新动能，二是改造传统动能。具体可以从新产业、新业态和新模式三个维度阐释。培育壮大新产业、新业态、新模式（“三新”），是中国“新经济”新常态下经济发展的空间和潜力，也是推动新旧动能转换的动力源泉。

二、“新经济”环境催生出版产业新业态

（一）出版技术创新是形成出版产业新业态的关键

大数据、智能化、移动互联网和云计算等新兴技术，彻底改变了内容生产、传播和消费的技术基础、发布平台、传播渠道和消费方式，新媒体新业态不断涌现。随着 5G、VR/AR、MR、AI 等信息技术逐步商用，数字技术革命对出版产业的影响将会更加深入。出版技术创新指的是一批新设备、新技术不断的出现和采用，一方面消除了图书、报纸、广播、电视、互联网等各介质之间壁垒，比如，三网融合技术提供的多媒体综合信息服务：语音、图像和数据等，通用性技术促进了不同媒介之间的融合；另一方面使得出版产业和其他产业之间也联系起来，相关技术成为不同产业融合的通用平台。

如互联网的兴起所带来的电子商务和物流技术的发展成熟使上海报业集团、南方报业集团等多家媒体，开展“码上淘”业务，涉足电商领域。凤凰传媒、中文传媒等均成立了影视公司，依托文学 IP 向影视领域延伸。湖北美术出版社“手绘中国”全媒体出版项目，以 AR 图书为入口，整合城市文化资源，积极向文创产业延伸。

（二）媒体融合助力出版产业新业态的形成

媒体融合的概念最早由美国马萨诸塞州理工大学教授浦尔完整提出，主要指媒介融合和资源整合。媒体融合的外在表现形式体现在媒介的融合上，即在新闻的采集、传播的过程中，图书、报纸、杂志、广播等传统媒体与互联网电视、手机、平板电脑等新型媒体全方位融合，充分展现互联网媒体的优势，使得传统媒体的话题与新闻增加更多视觉效果，使公众从被动接受到高度参与互动，主动积极地参加评论，反馈自己的思想和意见，实现媒体产品从单一传输到双向互动，更好地增强公众的体验。❶ 在越来越严峻的市场竞争中，融合媒体下的企业逐渐将传统媒体的优势互相整合，优势互补，共享资源和技术，抢占更多的市场份额。

从全球范围看，大规模的媒体融合已经成为一种必然趋势。媒体之间融合的主流形式表现为传统的报纸、电视台、电台等媒体和互联网站的采编工作有机结合，集中处理共享资源，衍生出形式各异的多媒体信息产品，通过不同的平台、终端传播给受众群体。

2014 年是我国媒体融合元年，到 2018 年初期，出版产业在融合媒体背景下出现了诸多的新业态，“新闻出版+科技”“新闻出版+金融”“新闻出版+制造”等发展新模式、新业态。出版新业态是移动互联网媒体、传统媒体和移动互联网、互联网媒体交互产生的新兴的产业现象，表现为在一系列因素的驱动下，各媒体介质之间逐渐融合，并在“互联网+”战略推动下，出版产业发展还迈向其他产业，与之相融合并创造出一种新兴的产业生态系统。出版新业态通常运用图解、数读、H5、直播、VR 等各种新生代网民习惯消费的融媒体元素，对内容产品进行新包装、新展示、新传播。IP 全产业链运营、布局文化旅游产业、特色小镇建设、旅游酒店经营等均是出版新业态的表现形式。

（三）数据将替代货币财富成为市场行为的主要驱动力

2018 年初由 Basic Books 出版的维克托·迈尔-舍恩伯格与托马斯·拉姆什合著的《大数据时代资本主义的重生》一书认为，现代以来，资本主义依靠公司和金融家的发展模式，将因为大数据革命而发生翻天覆地的变化。数据将替代货币财富成为市场行为的主要驱动力。大的金融机构和企业将被不计其数的小群体和个人所替代，后者将成为市场上的主要行动者，正如 Uber 代替 Ford，Airbnb 代替 Hyatt。

---

❶ 孟建，赵元珂. 媒介融合：粘聚并造就新型的媒介化社会[J]. 国际新闻界，2006，(7).

大数据对整个人类的意义已经超出了技术预言家的范畴，大数据对全球市场经济的意义也超出了经济学理论的研究范畴。2015 年我国启动了基于大数据的“互联网+”行动计划，伴随“互联网+”行动计划的深入，产业间的融合日益渗透到实体经济中。出版业的融合同样如火如荼，形成诸多新业态，数据技术在进一步挖掘传统内容产业的潜能方面超乎想象，是催生出版新业态的关键推手。

（四）舆论新生态催生出版产业新业态

出版产业的发展，一方面在满足用户更高水平消费的同时，另一方面用户的需求也日益呈现出移动化、个性化、多样化的趋势。表现在当今新生代网民无时无刻不置身于多样化的场景中，其注意力稀缺且分散，信息消费行为日益碎片化和个性化。因此只有关注细分场景，契合用户碎片化消费行为和体验的需求，传媒业才能开发满足用户需求的内容和产品。与此同时，随着大数据、云计算以及人工智能等一批新技术的成熟，也在不断提高用户对于新技术的期待，用户希望传媒行业能够提供更加多样性、移动化、个性化的产品或服务。

“90 后”“00 后”是改革开放以来，真正成长在优渥环境里的一代，他们生活的环境国力强盛，物质条件比较丰厚，同时文化也取得了一定的发展，拥有文化自信，是网络上正能量的传播主力。[1]“90 后”“00 后”虽然年龄不大，但是接触互联网的时间较早，属于新生代网民，他们是网络舆论的基本形态重塑的主要群体，成为舆论新生态的中坚力量。无法回避的是互联网已经成为舆论主战场，谁获得新生代网民的注意力资源，谁就站在舆论制高点。

近年来，纸质报刊发行、广告急速下降、广电媒体主流不保、移动互联网媒体如日中天的景象，正是“90 后”“00 后”快速成为舆论新生态中坚力量的真实映照。出版产业新业态是从旧业态中演变而来，它继承了传统业态的关键因素。比如互联网出版，虽然产品形态和阅读体验与以往相比有所创新，但是其多数产品仍然从传统图书产品转化而来。出版产业新业态是对传统业态的扩张和创新，它不拘泥于以往的生产和经营模式，力图在以往的基础上进一步探索和创新，但是在这一过程中，会带来一系列反应，如市场版图的重新划分、行业内部的竞争加剧等。

（五）出版企业之间协同竞争促进出版产业新业态成长

出版企业之间的协同竞争出现了较各自独立竞争更好的市场效果，优化资源

---

[1] 李良荣，袁鸣徽. 中国新闻传媒业的新生态、新业态[J]. 新闻大学，2017(3).

利用和配置，使出版企业产品和服务贴近市场，更具市场竞争力。例如报网融合、台网融合等，出版信息产品以不同的形态在不同的媒体中呈现。同时企业为了追求范围经济效益，通过并购、重组、自建的手段，开始尝试多元化经营，从而把更多的成本分摊到更广泛的产品当中。这种协同竞争方式能够提高资源的综合利用率，改善企业的经营状况，使出版产业发展步入新的局面。以百度、阿里、腾讯为代表的互联网资本，在相关法律法规的范围内，根据国家政策指向，通过多种方式参与到传统媒体中来，扮演着积极布局的角色，对传统领域的发展与变革发挥着重要的影响。近年以《今日头条》为代表的数据新闻，正在以极快的速度整合地方传统出版资源。新媒体向传统新闻出版的布局和整合，推动了企业之间协同竞争。

（六）与科技深度融合促进创新发展

科学技术是人类历史进步的引擎，新石器时代、农耕时代、工业时代、信息时代等历史纪年都是用技术生产力水平命名的。20 世纪 70 年代以来，以信息技术、数字技术、网络技术为标志的第三次工业革命推动了印刷技术、传统出版业及传播业的革命，全球出版业突破了造纸术、印刷术、激光照排的生产方式和产品经营的模式，极大地发展了出版生产力，改变出版业的生产方式、消费方式、产品形态和出版业态。21 世纪初，我国出版业相关部门就制定了出版业数字化的规划，扶持了数字化出版的技术工程。近二十年的努力，出版业已经广泛应用了计算机技术、互联网技术、移动通信技术、3D 制造技术。以新技术改造的传统出版业与电子出版、网络出版、数字出版、融合出版等新兴出版业态深度融合，引导整个社会的出版生产方式、流通方式和消费方式的转变。

第二节　融合促进出版产业高质量发展

2014 年被称为我国的“媒体融合改革元年”，为了适应新时代的发展，促进传统媒体的结构转型，加快传统媒体与新兴媒体的融合，针对这一问题专门颁布了纲领性的指导文件，标志着媒体融合已上升为国家战略，新一轮深化改革即将开启。

一、加快媒介融合推动传统出版转型升级

“新经济”背景下，舆论生态、媒介受众、媒体格局、传播技术都在发生深

刻变化，信息技术下的互联网正在媒体领域引领一场前所未有的变革。出版产业是传统主流媒体的重要基石和组成部分，我们应该在遵循媒体发展规律的基础上，探求适应新时代发展的新闻传播规律，推进两者融合，坚持两者优势互补、一体发展，融合过程中要将传统媒体强大的内容生产能力与新媒体快速传播、高覆盖率、强大互动性的特点有机结合起来；以先进技术为支撑、以内容建设为根本，通过借助新媒体技术再造策采编发平台，充分实现内容生产的集约化和多层次，助力内容产品生产、供给、传播和服务能力。通过精准把握用户特征，拓宽传播渠道，建立移动传播矩阵，创新移动新闻产品，使主流媒体在移动端受众覆盖最大化，传播效果最大化，加快推动媒体融合，巩固壮大主流新闻舆论阵地。

新技术带来业态变化，近年来不断形成新的出版业态、新的出版类型，融合发展是唯一出路。融合发展适用于传统出版业、新型出版业、数字出版业、未来出版业。传统出版业优势表现在内容资源，新型出版优势表现在技术、渠道、平台。出版业融合是大有作为的。习近平总书记讲的融合发展的三个阶段，第一阶段“你就是你、我就是我”，第二个阶段“你中有我、我中有你”，第三个阶段“你就是我、我就是你”。目前的出版业融合大部分处于第一、第二个阶段，距离第三个阶段还有不小距离。现在有国有与民营、传统印刷与数字印刷等，体制尚未打破，融合难以到位。

目前，出版的融合发展趋势正在加快和走向深入，正日益成为推动出版业高质量发展的强劲动力。目前一些单位利用平台延伸产业链，通过提供知识和信息服务，实现了高质量高效益发展，这是出版业需要努力的方向。同时，要加强行业平台建设，拓展内容传播渠道，建立线上线圈媒体发展的内容传播体系，提高内容产品的传播力和引导力。

出版融合指的是渠道融合、技术融合、跨界融合。现代出版业已经是一个大系统构成，加强融合发展才有生存下去的可能。融合发展是时代的必然要求，涉及体制、政策、市场、技术等方面。用好新技术，建好新平台，平衡好各种关系，确保出版业成功转型升级。

首先，融合发展传统出版与新兴出版全面、深度融合。是从“你中有我，我中有你”，发展到“你就是我，我就是你”一体发展的境界。在内容、体制、机制、技术、渠道、经营和管理等方面进行多样化、多层次、全方位的互融互补、共享发展。

其次，融合的同时是创新的过程，不创新就难以融合。传统出版单位要运用互联网思维，学习新媒体先进灵活的经营管理机制，运用新兴媒介渠道与互联网的先进技术，把传统媒体内容优势延伸至网络。新兴出版企业要有融合意识，加强内容生产管控，向传统出版要内容，提高内容质量，提升服务水平。出版企业应充分利用各项政策利好，在新环境下寻找更大的生存发展的动力和空间，积极推进业态创新、模式创新，开创新闻出版业融合发展模式。

最后，融合发展是要求整个出版产业链融合发展、全程再造。现代出版产业链之间既要相互独立又要紧密联系，只有通过这样的有机融合，才能促进新时代整个国家出版行业的高质量发展。

2016—2017 年国家在融合发展方面出现新成果。2016 年 12 月，国家新闻出版广电总局正式公布 20 家出版融合发展重点实验室依托单位和共建单位名单，正式公布遴选出的首批 35 个新闻出版产业示范项目，目的是发挥新闻出版改革发展项目库示范引领作用，促进传统出版与新兴出版融合发展。2017 年 1 月起，国家新闻出版广电总局确定的首批 20 家出版融合发展重点实验室相继挂牌运营，各实验室统筹推进技术创新、模式创新，并以此推动产品创新、产业创新，最大限度发挥重点实验室辐射带动作用。

“新经济”背景下，舆论生态、媒介受众、媒体格局、传播技术都在发生深刻变化，信息技术下的互联网正在媒体领域引领一场前所未有的变革。出版产业是传统主流媒体的重要组成部分，我们不应该将两者割裂开来，而是要不断推动媒体的融合发展，发挥各自的优势，实现共同发展，融合过程中要将传统媒体强大的内容生产能力与新媒体快速传播、高覆盖率、强大互动性的特点有机结合起来；以先进技术为支撑、以内容建设为根本，通过借助新媒体技术再造“策采编发”平台，充分实现内容生产的集约化和多层次，助力内容产品生产、供给、传播和服务能力。通过精准把握用户特征、拓宽传播渠道、建立移动传播矩阵、创新移动新闻产品，使主流媒体在移动端受众覆盖最大化，传播效果最大化，加快推动媒体融合，巩固壮大主流新闻舆论阵地。

二、数字出版业的供给侧结构性改革关键

“新经济”本质是新技术、新产业、新业态，关键是充分利用新技术来助推产业创新、产业融合，创新新产业、新业态、新模式。“新经济”环境下，创新、媒体融合、人工智能技术等成为出版产业发展的巨大驱动力量，成为出版产业新一轮发展的新动能。在此背景下，数字出版业供给侧结构性改革应该从两方面重点推进：第一，增加数字出版内容的高质量供给；第二，建立有效创新机制，带动整个出版业转型升级。

（一）增加高质量出版内容的供给

产品质量是一个行业得以生存和可持续发展的基础和保障。作为数字出版业产品，其内容不但要满足用户需求，还具有引领社会价值导向的作用。数字出版业供给侧结构性改革的首要任务就是保证出版内容的高质量，减少产品内容的同质化，避免产品内容的低俗化。

首先，要整合资源，打造特色产品。在企业层面，数字出版企业应该根据用户阅读需求，通过各产业主体的联盟合作，整合传统出版资源，依靠现代网络技术，为用户提供具有特色的精品内容。在政府层面，政府应大力支持专业出版商进行资源整合，减少资源浪费；应加大力度为大众出版商提供技术支持，加速其内容转化。

其次，要加大监管力度，完善法律法规体系。政府应加大数字出版内容的审查力度，统一数字出版内容和传统出版内容的要求，同时，还应建立健全相关法律法规，以实现对违法违纪行为的惩处和对版权人的合法权益的保护。

最后，要积极引导，扶持新媒体平台。政府可以扶持和建立一批如新媒体出版平台、数字信息营销平台等，通过对这些平台的引导，使产品内容健康化、绿色化。

（二）建立有效创新机制，促进产业优化发展

在经济新常态下，产业要发展，就要主动去适应新常态。在数字出版业的三个主要行业中，互联网广告由于其他产业发展的需求，其增速始终居高不下，而手机出版和网络游戏的增速总体有减缓趋势，要想使他们保持较高增速水平，则需要通过创新寻求新路径；数字出版业的其他行业，要想在新经济形势下寻求突破，就要实现内容、经营手段、应用技术、营销模式的全面创新。

首先，要加快建立数字出版业科技创新智库，从技术源头为创新提供保障；建立数字出版业科技创新研发平台，为创新提供土壤；建立数字出版业科技创新服务体系，推进产业间创新成果的共享与应用，促进产业内创新成果的转化。

其次，要加强复合型人才培养。一方面，对现有相关从业人员进行培训，完善数字出版业现有从业人员的知识结构；另一方面，要加强与高校、科研院所的合作，有针对性地进行联合培养，形成数字出版业的生力军。

最后，要推动数字出版业“走出去”。以优惠支持政策为工具，为中国数字出版业开拓国际市场创造条件，鼓励数字出版业“走出去”，形成具有中国特色的国际化品牌。

第三节　创新助推出版产业高质量发展

技术发展对出版产业发展、出版产业研究、出版教育发展都带来了史无前例的挑战，这是全球共同关注的问题。随着传播技术变革，出版技术有很大变化。从全世界范围看，听书已经占到 40% 以上，听书适应了快节奏、多变化、流动性的场所。在飞机、汽车、轮船上都能够听书，这也是出版的蓝海，需要相应的技术来支撑。不断改进产品，方便阅读。人类文明传播形式与技术相连，技术发展即将进入智能时代。全球数百位顶尖科学家通过数学模型推演得出的结论显示：到 2040 年人工智能或将达到智力爆炸的“奇点”[1]。机器人记者写作与人类差不多，能够反射的区域都能够写出来，反射不到的区域还写不出来。智能时代给所有传统行业带来很大的颠覆性革命。数字出版，2001 年开始谋划，2004 年提出数字出版的九大工程，中国数字出版走向世界前列就得益于提前谋划和技术因素的突破。

一、出版业面对两个新时代

两个新时代，我们所处的时代首先是中国特色社会主义新时代；其次，我们处于第三次工业浪潮中，出版业必须紧紧依托信息技术革命的新时代，实现产业升级。从人类技术进步的历史进程看，印刷出版之前我们的文化记载依靠甲骨、岩石、钟鼎、竹简、锦帛这些不易复制的东西；现在依托印刷、光电、网络等新技术，可以把人类创造的精神文化大量传播，其中的经典之作可以永久保留下去，让其中的优秀文明成果代代相传，供我们当代人和未来的人们吸收借鉴。正是出版延续了人类的精神创造，从而推动人类社会不断文明进步、永续发展。

中国出版业早在 20 世纪就开始了拥抱新技术、创造新业态的过程。这就是出版人的时代觉悟，只要有新技术出现，就迅速广泛应用到出版业，用新技术改造我们的传统出版，进而赢得出版业自身的发展。现在是“互联网+”时代，出版人更要有强烈的时代意识，积极地实现“互联网+现代出版业”这样的新业态，创造出版的新形态、新产品、新服务。而数字出版物交易平台的建设就是时代的产物，是新技术的产物。构建数字出版的核心竞争力，把数字出

---

[1] 美国作家卢克·多梅尔在《人工智能》一书中提出“奇点”的概念，奇点指的是机器智能超过人类智能的那个时刻。

版物交易平台搭建得更实。如何将大数据技术切实地应用到数字出版平台的建设中，是我们需要深入探讨的问题。新时代新形势下，推进数字出版平台建设，要求出版业能够充分运用先进信息技术、多媒体技术，丰富和优化内容的表现力，在满足用户多元化需求的基础上，不断完善用户体验。随着当下各类社交平台的快速发展，我们还要寻求其与数字出版平台之间联系的新的纽带，建立起二者之间的有效对接，拓展信息传播渠道，提升传播效果，实现传播的即时化、互动化、大众化。

二、出版创新的现实意义

"和其他很多行业一样，出版业也是依托技术进步才能引发行业变革，而出版业创新就是指内容创新和技术创新。"

（一）出版创新是新经济背景下国家创新体系的一部分

知识更新的频率随着时间的推移大幅度缩短，进入21世纪以来，知识更新的频率已经到了每年更新的程度，也就是说现如今已经进入到知识大爆炸的时代，知识的快速更新和发展爆炸，其灵魂就是创新，正是因为创新、创造，才有了知识的大规模腾飞。我们国家经过改革开放40多年的发展，已经意识到知识或者说是科学技术才是第一生产力，因此正积极与世界同步建立和实施国家创新体制机制。该机制涉及政治、经济、文化等多个方面，通过归纳，可以划分为四个子系统，分别是知识创新、知识传播、技术创新、知识应用。我们在本文主要探讨研究的出版业创新就隶属于知识传播子系统，该子系统承担着知识推广普及的职责，能够为社会积累、传播知识和科技，往往在社会现实中由多种不同类型的机构承担不同的责任，从而共同发挥力量完成子系统的各种需求，可以说以出版业为重要组成部分的知识传播子系统在国家创新制度中扮演着非常重要的角色，也正是这种角色，使得出版业成了国民知识传播普及的桥梁和纽带，成了知识科技长久保留的载体、知识创新更新的重要阵地。因此，在国家创新制度大变革的环境下，出版业必须要随着社会浪潮一同前进，为国家创新体系贡献更多力量。

（二）出版创新是出版业自身生存和发展的应对方式

出版业从清末民初开始发展，到现今已有100多年的历史，发展至今已经成了国民经济的重要一部分。出版产业年收入逐年上涨。但是，我国出版业在大发展过程中也暴露出了许多的问题。“懒”，一些出版单位处于被动融合状态，只做到了表面上的嫁接，没有深层次挖掘融合的意义。“差”，传统出版技术正在向数字化转型，还不完善。“穷”，一些传统出版单位的资金来源固化，现在市场资本化，应积极寻求资本融合才能使自身得到更好发展。“缺”，就是我国数字化出版虽已起步，但是当前人才供给还有所短缺。因此，出版业要积极适应市场发展，主动与新技术、资本融合，加快传统出版的融合创新与人才建设，才能更好地发展。

三、媒体融合背景下的出版创新举措

媒体融合的优势表现在快捷的传播速度、便捷的信息服务功能和多元化的传播渠道。媒体融合背景下，出版创新要以发展为目的，内容为主角，以创新为手段，要通过新技术、新渠道展示新内容，尤其是要及时与互联网技术相联系，实现二者的融合发展，运用互联网覆盖范围广、内容传播快、受众人群多的特点，规避自身的弱势，发挥新技术的优势，实现出版行业的创新发展。

（一）借力技术优势，加强内容建设

传统出版可以通过借助新兴出版的技术优势融合发展，充分发挥其内容优势，推进内容的开发生产。传统出版加强内容建设，开发图书新阅读方式和载体形式。利用云计算和大数据，采集分析读者的阅读习惯、阅读兴趣、行为状态等，有针对性地开展选题策划，实现内容创新。

（二）完善制度建设，加大政策支持

媒体融合对出版管理制度和出版政策提出了新要求，传统的出版政策和制度已不能适应当前出版的工作需要。2016 年出版管理机构相继出台了新闻行业的“十三五”规划，发布了众多如《关于加快新闻出版业实验室建设的指导意见》等支持出版行业创新发展的政策纲领性文件。有了政策支持，出版单位就要在政策有效指引下，开阔视野，步伐迈大，加快转型升级，最终取得突出成效。

（三）合理运用新媒体，探索多渠道协同发行

互联网技术，为现代出版产业技术升级提供了更多的出版形式。出版业理应顺应互联网传播社交化、视频化、互动化、移动化、速度化等趋势特点，运用两微一端等多媒体传播方式，满足用户碎片化阅读、定制推送阅读、移动阅读的个

性化、多样化阅读需求。要借助互联网平台加强与作者、读者的交流互动，收集反馈信息，深入分析需求和阅读偏好，及时调整出版内容，着力提高出版内容质量。树立新媒介时代的创新思维，拓宽并优化传播渠道。

（四）大力进行 IP 开发，实施强强联合共赢发展战略

融合时代媒体的边界越来越模糊，市场竞争日趋激烈。出版社除了与出版社合作外，还可借助新媒体的平台、用户将 IP 价值最大化。在实际运用中，尤其注意将单一内容以多种形式、多个媒介、多条渠道的方式传播出去，既能够将内容传播范围做到最大，也能够给出版者带来利益最大化，扩大原有图书的影响力，实现内容的二次增值。

（五）完善数字出版相关法律

从技术上看，我国在数字版权保护技术研发的工程已处于全面应用推广阶段。从立法上看，数字版权保护立法工作取得新进展。2016 年 8 月颁布的《移动互联网应用程序信息服务管理规定》以法律形式从上层对出版行业的数字应用做出了知识产权的保护。2016 年 11 月发布的《关于加强网络文学作品版权管理的通知》的实施，细化了著作权法在网络文学版权领域的相关规定，国家版权局由此又加强了对网络文学的保护。

在出台一系列法律法规后，我们国家出版行业版权保护、知识产权保护取得了显著的成效，从法院受理的案件数量就能明显看出，在出台相关法律后该类型案件受理审判量有了大幅度的提升。在著作权案件中，网络文学案件数量占总量的 24%。在“剑网 2016”专项行动年开展的专项行动中，共查处案件 514 起，移送司法机关刑事处理 33 起，关闭违法网站 290 家。另外，社会保护也取得良好进展。

（六）传统出版数字化转型是创新的根本途径

2013 年前后出版业面临着业态的升级换代，传统书报刊新闻出版单位数字化进程开始起步，当年我国数字出版产业总营收为 2540. 35 亿元。出版企业仅有少量 OA、ERP 等办公和管理系统，绝大部分企业没有数字化内容生产系统和传播服务平台，全部内容资源仅仅有 10% 左右的存量图书资源实现数字化转换。2013 年和 2015 年，为带动全行业数字化转型，新闻出版广电总局推出 170 家书报刊和音像电子转型示范单位。2014 年，将数字化转型升级列为文化产业发展

专项资金支持重点。近年中央针对新闻出版行业的数字转型升级总计拨付了近30亿元的中央财政资金。此外，还专门针对新闻出版行业出台了一系列的法律文件用来督促行业升级，同时还在全国范围挑选了有资质、较为领先的数字服务提供商为出版行业提供服务，还与境外国家新闻出版商取得了联系，帮助国内规模较大的出版行业集团公司走出国门，发展更多出口导向型的出版产品，推动中国图书、中国文字、中国文化走出国门、走入世界。为拓展图书"走出去"传播渠道，打造"易阅通"等数字图书交易平台。

2016年，图书出版单位数字化转型升级步伐加快，全国范围内出版企业数字化率超过80%，存量内容资源的数字化转换比例上升到80%左右，数字出版营收达到5720.85亿元，增长超过40%。

四、出版业深度融入知识付费

知识付费是互联网上媒体、出版和教育融合形成的新物种，基于电商平台和社交平台两种平台的成熟产生的新型互联网产品。知识付费在未来知识技术层面最有可能颠覆出版业。

（一）纸质书的起源与发展

纸质书起源于毕昇发明的活字印刷术，德国的古登堡对活字印刷术的再发明，使得纸质书在欧洲广泛传播，并且"印刷业刺激了所有知识的商品化过程"，欧洲各种《百科全书》的出版，被称为"启蒙运动的生意"。现在的出版延续了古登堡发明所带来的图书出版的商品化、市场化。从15世纪开始的大规模图书印刷和现在的图书生产变化不大，变化的是图书内容的丰富，印刷质量的提高，流通方式的变化。

（二）电子书没有颠覆传统出版产业

为什么电子书革命没有发生？电子书初期形态看起来貌似打破了纸质书的形式。但是，电子书的变化是表面的，仅仅是把纸张上的字变成屏幕上的字。因此，电子书没有真正改变书这个"容器"。亚马逊创始人杰夫·贝佐斯开创了世界上最大的书店，创造了电子书阅读器最成功的产品——Kindle。亚马逊在设计Kindle时，初衷不是"全面抛弃纸质图书，凭空设想一种全新的读书方式"，而是要在"保留书本带来的美好体验的前提下，增添数字化的魅力"。

（三）知识付费可能将颠覆传统出版产业

知识付费产品和电子书的显著差异是，知识付费产品的运作逻辑很像“书”，形式是在线音频、在线课程等，内容的表现形式发生了巨变。付费知识产品在彻底变革“知识的容器”。付费知识产品的颠覆式创新。数百年以来，图书是知识最佳的传播载体，但是有了更好的知识的载体的时候，传统图书的风险就来了。

对互联网时代变革力量最重要的解读之一就是哈佛商学院的教授克里斯坦森的“颠覆式创新”或者说“破坏性创新”理论。这个概念最早出现在1997年，互联网的发展一再证明它的正确性，这几年在中国也逐渐受到关注。它包括两种破坏性创新，一是低端市场破坏性创新，二是新市场破坏性创新。现在的付费知识产品，在这两种类型上都可能成立。第一种颠覆式创新，是所谓“低端市场创新”，也就是，一个产品刚出现时，竞争对手质量很差，只是在抢夺低端市场。当它在短短的时间里变得比原有市场里最好的产品还更符合消费者的需要时，市场就被它颠覆了。第一种颠覆式创新，是所谓的“新市场破坏创新”。比如，现在付费知识产品不是在跟书竞争，它们满足的对象是不买书、不读书的用户，似乎只是在跟广播竞争。但是越过某个时间点后，传统出版业的主流用户被它抢过去了。现有市场被这种“新市场破坏创新”颠覆了。

第一，电子书等各种互联网产品，都没有对出版业造成致命的冲击，是因为电子书等各种互联网产品没有改变图书的知识容器功能。付费知识产品已经成为新的知识的载体。

第二，付费知识产品还不是最好的知识载体，它们先满足低端用户，满足不买书、不读书、非传统的用户。但是，按照颠覆式创新理论，付费知识产品可能很快成为好的“知识的载体”，超越图书。到那时颠覆式变革就会发生了。

第八章 以政府为主导做好制度供给

第一节 政府应做好出版物舆论的“把关人”

新闻舆论功能是出版业的重要属性，体现了意识形态的倾向。价值观是意识形态的表现形式，是国家和民族的灵魂，所以，政府应成为新闻舆论“把关人”，掌握意识形态工作领导权。

最近几年，新闻出版行业在发展关口压力倍增，造成这种现象的原因可以从两个方面去分析切入。一方面，网络等新媒体的崛起发展，促使传统新闻出版行业媒体在行业竞争中落于下风，行业竞争非常激烈，在这种情况下，出版企业为了谋求自身的发展，就必须拥有相对更多的消费者和受众，但作为消费者的群体数量增长却较为缓慢，有限的资源势必引起激烈的竞争，不负责任的出版企业只能“另辟蹊径”，放弃职业操守和道德底线，内容追求新奇、怪异，追求娱乐性、故事性、煽情性、刺激性、庸俗性等；另一方面，政府在面对此种情况时，没有做好应对准备，管理制度不健全，管理行为相对落后，法律建设有待完善，导致了乱象的发展壮大。这里我们必须明确，违背道德的新闻舆论已经不能单单看作新闻出版行业的内部管理，其影响力足以撼动社会公众，因此应放大到整个社会去进行监管，在现今媒体市场化、社会化、公众化的前提下，破解监管难题已经成为行业发展的必经之路。

2016 年 5 月，习近平总书记主持召开了党的新闻舆论工作座谈会。在党的十九大报告中，习近平总书记提出“坚持正确舆论导向，高度重视传播手段建设和创新，提高新闻舆论传播力、引导力、影响力、公信力”的重要要求。这一指示，从国家层面明确阐述了出版行业的职责使命、目标任务和原则要求，提出一系列富有创见的新思想新观点新论断新要求，从理论和实践上极大丰富发展了马克思主义新闻观，是新时代做好新闻舆论工作的科学理论指导和行动指南，为在新时代做好新闻舆论工作指明了前进方向。

一、意识形态决定文化前进方向和发展道路

文化的产生和国家、国民的意识形态密不可分，在我们社会主义国家，我们的先进文化就是社会主义文化，因此必须牢牢把握住社会主义意识形态在新闻出版业的基石地位。必须继续推进马克思主义的中国化，马克思主义历经近 200 年仍散发着思想的光芒，马克思主义的内核就是实事求是和与时俱进，因此必须将马克思主义的基本原理和我们国家社会主义实践相结合，一以贯之地推动属于我们的马克思主义中国化，推动人民在理想信念、价值观念和道德观念上紧密团结起来。加强理论武装，把马克思主义深入研究作为当前和今后一段时间的重要工作任务，在高校科研院所建立马克思主义研究院所和智库。同时，还要坚持引导舆论，继续以党政主流媒体为抓手，以大型媒体为阵地，以自媒体为突破口，不断提高新闻出版行业的舆论导向能力；加强网络舆论建设，把马克思主义中国化的最新理论成果运用到网络舆论中去，建立健全和完善网络新闻内容审查机制，将内容划分为不同的领域分别加以监管，还要注意反对各种形式的错误的观点和思想，确保社会舆论始终运行在正确轨道上。

二、满足美好生活新期待，必须提供丰富的精神食粮

要注意开展文化管理体制的创新。引导社会媒体、出版行业企业转变思维，在参与市场竞争的同时，注意把社会效益和经济效益相统一，以社会效益优先。要开展文化惠民工程，从文物保护、传统文化传承等多个角度入手，发扬传统文化的优秀之处，开拓传统文化在新时代下的新形式。完善文化产业建设，加快文化强国建设，创新文化生产经营政策，首先要加强中外文化交流，面向世界传播和普及中国文化的独特魅力，将文化传播主动性牢牢抓在手中，推动中国文化走出国门，走进世界。

三、教材管理是意识形态管理的基础

在经历了新中国成立时的统一、改革开放以来的探索两大阶段后，我国教材建设进入了新时代。2016 年 10 月，中共中央办公厅、国务院办公厅印发《关于

加强和改进新形势下大中小学教材建设的意见》，为新时期教材建设工作指明了方向，提供了制度保障。2017年7月，国家教材委员会成立，这是新中国成立以来首次成立的高规格教材管理机构。2017年9月，由教育部统一组织编写、由国家教材委员会审定通过的义务教育统编三科教材[1]，正式由人民教育出版社出版发行，起始年级在全国范围内推广使用。高中阶段三科教材的统编工作也已经正式启动。至此，我国已形成了统一与多元相结合的教材编写使用格局。三科教材“一纲一本”，其他教材“一纲多本”。黄强说，上述重大举措的实施，是与党中央提出的“五大文明建设”“五大发展理念”等精神相适应的，标志着中国教材建设步入了新时代。党的十九大报告强调，“建设教育强国是中华民族伟大复兴的基础工程”，要“牢牢掌握意识形态工作领导权”“培育和践行社会主义核心价值观”“落实立德树人根本任务”“让中华文化展现出永久魅力和时代风采”。为此，加强教材建设必须坚持五个方面：①坚持正确的意识形态导向，尤其是要坚持社会主义核心价值观；②大力弘扬中华优秀传统文化，真正做到创造性转化、创新性发展；③吸收外来、面向未来，尊重教育规律，提升教材质量；④加强教材的立体化和数字化建设；⑤以人民为中心，做好教材出版服务相关工作。在加大投入的同时，呼吁有情怀的、集课程专家与学科专家为一身的教材编写队伍的形成，他们建议着力教材编辑的培训、培养，合力在优秀教材编辑的表彰、推广上多做工作。

四、把握住出版产业意识形态的总方向

从党的十九大闭幕到2017年年底，出版界不仅出版了一大批宣传和阐释党的十九大精神的优秀出版物，而且党的十九大文件及学习辅导读物发行量突破一亿册，对全党全国各族人民迅速掀起学习贯彻党的十九大精神的热潮起到了很好的推动作用。线上的数字出版物同样以新技术、新形式全方位生动宣传党的十九大精神，同样受到年轻读者欢迎，同样体现了出版的大局观。新的一年，随着新技术的进一步发展和出版融合转型的进一步加快，传统出版物、数字出版物发挥的作用会越来越大。出版行业责任重大、使命光荣，不管业态怎么变化、技术怎么创新，出版业始终都要在大局下行动，要坚持内容第一，彰显主流思想价值，保证出版发展的正确方向。

---

[1] 指国家统编义务教育道德与法治、语文、历史三门学科教材。

第二节　把握出版市场准入的尺度

市场准入是一个政权对该地区市场行为主体条件确认的一种制度，国家通过立法的形式对市场参与者进行条件核定，这里的条件既包括实体条件，也包括程序条件。❶ 市场准入分为国内市场准入及涉外市场准入。市场准入规则合理与否对出版业发展具有重要影响。稳定的社会环境、明晰的企业产权、有效的监管体系、完备的法律制度是建立出版市场准入规则的基本前提。从我国出版业现状和国际趋势看，市场准入制度的变革亟待解决。❷

一、出版市场准入的两项原则

出版业的市场准入，是为了建立和维护出版业市场秩序，依法确认出版资质，可以从市场源头入手合理、合法、合规地规范市场出版行业企业主体的市场行为，使其能够符合国家法律法规相关要求。作为党和国家最重要的思想阵地，出版业既肩负着意识形态引导作用，也肩负着为国家发展提供精神动力和智力支持的重任。因此，出版业的市场准入，既要坚持党的领导，坚持意识形态导向；又要切实建立起规范的市场准入机制，充分发挥市场在出版资源配置中的决定性作用，生产要素自由流动，市场才有活力。

作为国家监管的特殊行业，出版业与其他行业在市场准入上有许多不同之处。比如出版行业的书号分配机制，一定程度上造成了出版行业的垄断经营，书号作为一种稀缺资源。这些市场准入的现象值得我们从供需关系等基本经济原理出发去思考，如何从根源上治理书号的使用。出版企业在满足相应法律的实体条件的同时，必须先满足国家对出版行业整体的规划。但是出版产业体制改革历经的时间较短，市场对资源配置作用发挥不够充分。进入新时代，在坚持上述观点的基础上，要进一步引进市场机制，在实践中操练出一套符合中国特色社会主义市场经济的出版业管理新体制，才能更好地完成出版业供给侧结构性改革。

---

❶ 吴旭君. 论出版业的市场规则和市场准入——从新修订的《出版管理条例》等法规谈起[J]. 出版与印刷,2002(2):35.

❷ 姚德权,徐超富. 新闻出版市场准入放松:前提、原则与思路[J]. 湖南师范大学期刊社,2004(6):31.

二、加快书号管理体制改革

书号即ISBN，是出版物的编码，一种数字标识，是由中华人民共和国新闻出版总署分配给各个出版社的。书号就像人的身份证一样，最直观的就是书的封底的条形码和一串数字。国内的书号在书的第二页（一般在扉页的反面）还配有CIP数据，该页也称为版权页。这二者是在国内出版图书不可缺少的两个必要数据。如果没有，就成了内部资料，内部资料不允许定价，也不允许销售。

（一）中外书号的基本功能都是方便国家对出版业的统一管理

书号的应用方便了国家出版的统一管理。由于书号是分配给出版社的，所以它有一定的稀缺性，是一种出版资源，同时它的合法性是新闻出版总署赋予的，所以它也是一个准入的证明。无论在哪个国家，编制书号的机构都是唯一的，书号也是唯一的。我国书号的发放由新闻出版广电总局下属的ISBN中心负责，在美国是由鲍克公司（Bowker）负责，在英国是由尼尔森图书公司（NeilsenBook）负责。与国内不同的是，英美书号的获得途径主要是购买，且明码标价。美国鲍克公司2015年书号的价格为：1个书号125美元、10个书号295美元、100个书号575美元。英国尼尔森图书公司2015年的书号价格为：10个书号144英镑、100个书号342英镑、1000个书号924英镑，此外还提供快速通道和超级快速通道，需支付72英镑或222英镑用于缩短发放书号的标准时间。

无论是英国还是美国的管理公司，它们提供书号、管理书号外，还提供自助出版、数据库、市场调查等服务。相比之下，我国的ISBN可以借鉴英美管理方法，进一步完善书号管理功能。

（二）书号管理从配给管理到实名制管理是出版管理体制的重大改革

新中国成立以后，国家逐步进行图书统一管理，中国的出版业经历了巨大的变化和成长，书号的管理也随之调整，以适应不同的社会背景和出版行情。通过新中国成立以来书号管理规定的路径可以发现，中国书号管理制度的规律是：手工编码到计算机编码、标准混乱到标准化科学化、国际化。管理制度逐渐完善的同时，中国书号管理的一些传统也被辩证地保留了下来。1956年2月，《全国图书统一编号方案》（简称“全国统一书号”）由文化部出版事业管理局颁发并实施。20世纪80年代中期以前是中国统一书号管理时期，供求矛盾冲突下买卖书号风行。对此，1994 年出台的《关于对书号使用总量进行宏观控制的通知》，政府从总量上对书号进行了控制。书号审批的“配额制”主观上为国家宏观管控出版总量起到了一定作用，但是书号资源分配不公屡屡出现，常常演化为公平和效率的博弈，使书号管理制度效率较低。1994 年之后，针对这一现象做出了改变，开始实行限量供给政策。当时，出版市场矛盾表现为：有限的书号资源和市场对书号的大量需求之间的矛盾。出版市场矛盾使得书号资源快速商品化。书号审批制度在一定程度上造成了垄断性资源共有的弊端和问题，因此国家又实施了一系列规定用以规范出版市场，保障图书质量。如 1997 年颁布的《图书质量保障体系》《关于严格禁止买卖书号、刊号、版号等问题的若干规定》、2002 年 2 月 1 日开始施行的新修订的《出版管理条例》。

2009 年是中国书号“实名制”元年，当年 4 月 1 日，新闻出版总署颁布实施《书号实名申领管理办法（试行）》，这标志着书号必须由出版社网络实名申请，代表着传统限额制的取消，成了出版行业的重要里程碑事件。书号实名申领管理办法的核心是整合书号发放、条码制作、CIP 办理三个系统，是对传统的出版管理体制的重大改革和创新。首先，书号实名申领是出版业转变政府职能，从管理型政府向服务型政府转变的一次重要探索，有利于减少管理环节，减轻出版单位负担，降低全行业的运作成本；是适应出版市场要求，提高行政和生产的效率的管理改革。书号网络实名申领政策后书号买卖有所缓和。但是，书号的稀缺资源属性仍没有改变。其次，在现行的规章制度下，新闻出版总署分配的书号资源都掌握在各级出版单位手中，这使得民营出版机构和个人出版者无法申领到中国标准书号。理论上来说，实名书号申领无疑是从根源上对买卖书号现象进行了抑制，大量出版需求可以在这项规定下得到满足。

（三）2011 年纸质出版物与电子出版物书号网络实名申领并轨，实施同等管理模式

书号实名申领管理办法主要针对图书的总量管理，不对其他出版物形成约束。因此，电子书书号的管理问题也开始成为一个广泛存在的紧迫问题。电子书由于其特殊的媒介属性，在管理模式上一直存在争论，在电子书的书号管理中有许多待解决的问题。例如电子书的出版与传统图书出版规划的矛盾，它绕开了书号的限制及一系列制度。还因为其特殊性天生带有互联网时代的分享特质而更多注重传播，所以版权保护的重要性也需相应调整。在电子出版行业日

新月异的年代，法规上的空白时常存在。电子书的出版同样需要书号，这是我国出版监督管理的职责。自 2011 年电子书出版物也开始实行实名申领制度后，传统纸质出版物与电子出版物书号网络实名申领工作实现并轨，实施同等管理模式。目前，我国电子书企业资质共有四种：分别是拥有版权的出版资质企业，共有人民出版社等 4 家单位；拥有可以复制版权出版的复制资质的企业，共有中国出版集团数字传媒有限公司等 13 家；拥有发行商的总发行资质的企业，共有 8 家；拥有从国外进口电子书内容的进口资质的企业，共有 5 家。

（四）以书号管理改革带动出版管理创新

第一，从国家书目控制的角度加强对书号申领，形成的出版元数据。作为最为重要的元数据来源，书号申领十分重要，对书号实名信息进行整理和管控，能够满足国家控制数目的目的。

第二，应尽快将数字出版物也纳入元数据标识范围。在出版产业日益发展、数字出版已经成为出版产业增长主力，书号管理应加快对新事物的管理，从而进一步发挥作用。

三、破除审批依赖，健全出版管理体制

新时代我国的出版业在建立市场准入的机制上，出版行政管理部门要在坚决执行党和国家政策和思想导向下，进一步解放思想。从立法层面进行市场准入改革，从而为出版行业发展创造大空间。

（一）出版审批制对产业发展的优劣

我国出版行业审批有三个特点，即准入资格审批、前置审批和微观事项审批。

审批制度是由我国计划经济时代流传下来的，执行严格的审批制度在当时有其必要的历史条件，既能够维护国家对出版行业的控制，又能够确保国家能够将新闻话语权掌握在自己手中，还能够在当时的历史条件下实现集中力量建设出版行业的目的。经过改革开放 40 年的发展，审批制度虽然有所减弱，但是仍是我们国家和政府重要的宏观调控手段。

（二）新时代出版审批改革的方向

新时代，随着我国社会主要矛盾发生显著变化，出版产业面临诸多改革任

务，审批制改革的方向是下放含金量高的审批权，让市场发挥资源配置的决定性作用。破除"审批依赖"，涉及国家政治安全和舆论安全以外，将资源配置能力交还给市场，对除确需行政介入的外全部将审批权力准入条件交由市场调节。可以将审批权限从现在削减50%以上，最终达到削减审批的目的。

新时代出版审批改革要参照发达国家的出版市场准入成功经验并结合我国实际，联合有关部门抓紧出版市场监管体系和综合评估体系，建立出版质量综合评价制度和出版单位发行认证制度、淘汰制度。保证市场上的出版单位高质量，高标准，面向市场的出版产品都经过严格的质量评审。同时要按照社会主义市场经济规律来规范出版市场竞争。只有加强管理体制，才可以提高出版产品质量，优良的质量会促使建立中国特色的优秀出版业品牌。

四、改革新闻出版准入，加大市场资源配置

拥有一个繁荣并可持续发展的市场，才是一个行业持续发展下去的前提。媒体多渠道整合也应是如此，而不应当在融合后却阻碍了传统媒体的发展空间。西方发达国家出版准入门槛比较低，在资本的支撑下即可以进入行业，再加上出版行业的自由开放程度，其市场环境相对来说极为宽松。相比来说新闻出版行业门槛在我国相对较高，政府和行业监管组织对行业进入设置了非常严格的标准，这就使得最有活力的社会资本、金融资本难以进入，进一步制约了行业发展，造成了行业的僵化。因此，要想实现出版行业的改革，必须从源头入手，放宽准入条件，稳步推进新闻出版准入的逐步试点。

（一）改革出版社准入制度

调查数据显示，法国作为世界出版行业最发达的国家，出版社的数量约为6000家，每万人拥有1.2家报社，报社密度极高，出版行业极为先进发达。而作为对比，我们国家的出版社却只有580余家，每千万人才拥有4家。这一数据不说能否与西方发达国家相比，就连同为发展中国家的印度我们也比之不如。且我国580余家出版社在全国的分布也极不均衡，在东部的大城市以及发达地区，拥有绝大多数的出版社，尤其是集中于北上广深等特大城市，一些经济发达的地区、人口数量大的城市甚至没有自己的地方报社。如果放眼全国，中西部尤其是西部报社数量更是非常稀少，甚至只能占到全国的10%不到，这就导致出版资源被少数地区和城市垄断了。这种垄断的现状毫无疑问不利于出版行业的发展。因此，应当尽快改善我国出版行业准入的限制，加强对地方出版社的扶持力度，

从经济较为发达的地区和城市入手，将门槛放低，允许社会资本进入出版行业，进而推及全国，推动出版行业的发展。

（二）改革期刊社市场准入制度

我国出版社数量相对极少，期刊数量也非常少，只有不到一万种。数据显示，美国期刊数量相对较多，目前拥有期刊超过 17 000 余种，其中消费类期刊超过 6000 种。近来我国期刊数量没有发生太大的变化，即使相对审批较为宽松的非时政类期刊甚至是学术期刊也被设置了很大的障碍，很难创办新期刊。因此，笔者建议，可以首先从学术类期刊入手进行改革，在完善监管的前提下，循序渐进地放宽期刊准入条件，允许条件充足合适的单位创办新期刊，进而不断推广政策的覆盖范围，繁荣期刊市场。

（三）改革报社市场准入制度

从世界范围看，西方发达国家市场准入的政策门槛较低，拥有资金、招募相关专业人才即可从事报社行业。我们国家的报业发展了 100 多年，至今市面上发行的报纸总计已经超过了 20 000 多种，并连续数年实现了两位数以上的增长。相比之下，近来报社数量逐渐减少，从 2003 年的 2300 多家减少到 2014 年的 1900 多家，2016 年又先后关闭 400 多家报纸，降幅高达 17%，这是惊人的。市场调节、重组和发行等因素，以及受众阅读习惯的巨大变化，给报业带来了前所未有的冲击，史无前例。报纸种数只减没有增加，只允许停办无法新设立的政策，这不符合市场运作的基本原则。

（四）加快出版业负面清单改革，引入民营资本

“民营资本进入新闻出版负面清单制度”尽快出台，允许民营资本进入负面清单以外的任何领域。我国新闻出版业，尤其是中小出版单位，仍然普遍存在“缺钱”的问题，深入分析作为出版行业，中小型出版单位对外融资渠道十分狭窄，没有有效的融资空间可供操作，对内营收能力欠佳，企业收入不达标，在此种条件下，中小企业生存都存在难题，就更不要说其积极性了。因此，应当鼓励中小型出版企业增加融资方式，以法律层面对融资方式渠道进行拓宽，针对非时政新闻出版行业放宽限制，允许社会资本涌入，增强企业活力。同时，鼓励企业充分运用新技术，开拓业务，创新形式，增加营收方向来源。此外，还可以进一步加强分工合作，将出版、制作相分离，实现版权与制作权的划分，从而为中小

型新闻出版企业创造更宽松的营收环境。在互联网时代，政府如何管理出版产业，尤其是在市场准入、退出市场的政策把关上，“把关人”理论的研究重点应该放在：互联网时代政府在出版领域如何建立“把关人”制度，政府把关的关键抓手是什么，如何处理政府把关与发挥市场配置资源的作用。现阶段对于出版业来讲，两个原则必须坚持，既要坚持党的领导，切实建立起规范的市场准入机制，又要坚持充分发挥市场在出版资源配置中的决定性作用。规范出版业市场竞争，加强行业自律，建立诚信机制；强化出版行业社会公约的意识和意识形态规范，维护出版行业、出版单位、相关机构及著作人、广告客户、广告商基本权益，以促进出版业的高质量发展。

第三节　重构出版产业统计指标体系

一、重构出版产业统计指标体系势在必行

作为文化产业的核心组成部分，发展新闻出版业得到了社会各界极大的关注。发展文化产业已成为我国的国家战略，大力发展文化产业成为各级政府的重要工作内容。2018 年《政府工作报告》提出要繁荣发展新闻出版事业，这将给新闻出版行业的发展带来新的契机和发展机遇。在这种情境下，清晰掌握我国新闻出版业发展现状，了解目前新闻出版业发展中遇到的阻碍和难题，从政策的制定、执行到政策效果的评估再到政策实施过程的监控和不断调整，探寻新闻出版业发展规律，以上对于促进新闻出版业实现跨越式发展显得尤为重要。这些发展表现在：相关法律法规得到进一步完善，管理体制、机制逐步健全；产业规模不断扩大，优秀出版物的数量有了大幅度的提升。同时，在互联网时代的背景下，传统出版开始积极寻求创新与融合，适应文化全球化的潮流，努力走出去，面向世界。我国在新闻出版业取得的成就是有目共睹的，但是仍然存在许多不足之处有待改进。如产业结构有待进一步优化，子行业变化快，机构改革变化需要理顺的关系、政策多，新技术、新业态、新模式层出不穷；新闻出版企业规模实力和影响力有待提升，新闻出版产业工作机制有待健全和完善等。科学合理的出版产业统计指标体系构建有助于了解促进新闻出版产业发展的驱动因素，科学评估发展现状与发展潜力。因此，构建中国出版产业统计指标体系，显得尤为必要和迫切。

二、出版产业统计指标体系的基本结构

统计指标体系是由各种相互关联的指标群组成的一个整体，用来解释所研究的社会经济现象各方面之间的相互依从和制约关系，描述各变量的总体基本情况和分布特征的综合量。

统计指标主要有指标名称、计量单位和计算方法三个构成要素，是指反映总体现象数量特征的概念。除上述三个构成要素以外，统计指标还包括时间限制、空间限制和指标数值。出版产业统计指标体系是指用于反映整个出版产业所有子行业的生产、流通、消费等社会再生产过程和条件，说明出版产业经济现象各方面互相依存和制约的关系，描述总体基本状况和各个变量分布特征的指标体系。2017 年 6 月 30 日，新的《国民经济行业分类》（GB/T 4754—2017）正式颁布，8 月 29 日国家统计局发文《关于执行新国民经济行业分类国家标准的通知》，要求从 2017 年统计年报和 2018 年定期统计报表起统一使用新标准。按照新的《国民经济行业分类》（GB/T 4754—2017）文件要求建立的国民经济新的核算体系基本框架及补充表所列的指标体系重新规范出版产业涉及的各种指标体系。

三、现有指标体系的研究不能满足产业发展需要

通过对中国知网和百度学术的检索发现，行业内部对出版产业统计指标的研究相对匮乏，没有形成相关理论和体系。1990 年以来，仅检索到《建立并完善出版统计指标体系的若干问题》（1993），《试论英国出版统计对我国出版统计的启示》（2012），任殿顺、张博的《构建我国数字出版产业统计指标体系的几点设想》（2014）❶，黄孝章、张敏的《数字出版产业统计体系及指标构建研究》（2013）❷ 等不足 10 篇研究论文，目前没有相关专著出版。与此同时，对文化产业和数字出版产业的统计指标体系建构研究相对较多。而对出版业发展评价指标体系、国际竞争力和影响力评价指标体系，甚至出版业税收政策评价指标体系都有较多研究。近年来，关于新动能研究处于产业研究的制高点，其中新动能统计指标、指数是研究新动能的关键瓶颈，虽然 2017 年 8 月国家统计局构建了新动能统计指标体系，但至今较为接近的研究很少，如研究论文《加快构建我国新经济监测评价指标体系》（2018），研究论著《新产业新业态新模式统计探索与实

---

❶ 任殿顺,张博. 构建我国数字出版产业统计指标体系的几点设想[J]. 出版广角,2014(4).

❷ 黄孝章,张敏. 数字出版产业统计体系及指标构建研究[J]. 科技与出版,2013(11).

践》（2017）。有关出版产业尤其是数字出版产业新动能统计指标体系，没有出现相应研究成果，但是从学术研究和实践应用上都迫切需要。

四、出版产业统计指标体系的调整方向

2013 年和 2018 年出版产业经历了两次大的机构调整，见表 8-1。

表 8-1 2013 年和 2018 年新闻出版机构调整

2013 年 3 月	国家新闻出版广电总局	统筹规划国内新闻出版广播电影电视事业发展，并对相关新闻出版广播影视机构进行监督和管理，对出版物、广播影视节目的内容和质量进行把控和监管，负责著作权管理等	国务院
2018 年 3 月	国家新闻出版署	将国家新闻出版广电总局的新闻出版管理职责划入中央宣传部，中央宣传部统一管理新闻出版工作，中央宣传部对外加挂国家新闻出版署（国家版权局）牌子	中宣部

2018 年新《文化及相关产业分类》对原出版产业调整剧烈，外部机构调整变化大，内部统计结构变化同样剧烈。

2018 年 4 月 2 日国家统计局发布《文化及相关产业分类（2018）》，根据国民经济行业分类，新标准对《文化及相关产业分类（2012）》进行修订，大类由 10 个修订为 9 个、中类由 50 个修订为 43 个，小类由 120 个修订为 146 个。作为派生产业统计分类标准，需要对《文化及相关产业分类（2012）》进行修订。这次修订为了适应当前我国互联网时代文化新业态不断涌现的新形势，满足文化体制改革和文化发展规划的需要，具体变化是：

（1）将新闻服务、报纸信息服务、广播电视信息服务及互联网信息服务四个中类合并为“新闻信息服务”大类。其中，“互联网信息服务”仅包括互联网搜索服务、互联网其他信息服务。

（2）将“出版服务”（不含报纸出版）、“广播影视节目制作”“创作表演服务”“数字内容服务”“内容保存服务”“工艺美术品制造”和“艺术陶瓷制造”七个中类合并为“内容创作生产”大类。其中，“内容保存服务”中类包括图书馆、档案馆、文物及非物质文化遗产保护、博物馆、烈士陵园、纪念馆等。

（3）保留原“文化创意和设计服务”大类，包含内容有所调整。把原“文

化软件服务”中类的内容移至“内容创作生产”大类中，作为“数字内容服务”中类的一部分。该大类修订后包括“广告服务”和“设计服务”两个中类，名称修改为“创意设计服务”。

（4）将“出版物发行”“广播电视节目传输”“广播影视发行放映”“艺术表演”“艺术品拍卖及代理”和“工艺美术品销售”六个中类归入“文化传播渠道”大类；同时增加“互联网文化娱乐平台”中类，以反映新型传播渠道。

（5）新增“文化投资运营”大类，下设“投资与资产管理”和“运营管理”两个中类。

（6）保留“文化休闲娱乐服务”大类，名称修改为“文化娱乐休闲服务”，包含内容有所调整。把摄影扩印服务移到“印刷复制服务”中类中，同时增加“休闲观光游览服务”中类。该大类修订后包括“娱乐服务”“景区游览服务”和“休闲观光游览服务”3个中类。

（7）将“文化产品生产的辅助生产”大类名称改为“文化辅助生产和中介服务”，把“文化纸张制造”“手工纸制造”“油墨及类似产品制造”“工艺美术颜料制造”和“文化用信息化学品制造”合并为“文化辅助用品制造”中类，将“笔的制造”和“墨水、墨汁制造”合并为“笔墨制造”中类并移至“文化消费终端生产”大类下。该大类修订后还包括“印刷复制服务”“会议展览服务”“版权服务”“文化经纪代理服务”“文化设备（用品）出租服务”和“文化科研培训服务”，共计7个中类。

（8）将原“文化用品的生产”和“文化专用设备的生产”两个大类修订为“文化装备生产”和“文化消费终端生产”两大类。修订后，“文化装备生产”大类包含“印刷设备制造”“广播电视电影设备制造及销售”“摄录设备制造及销售”“演艺设备制造及销售”“游乐游艺设备制造”和“乐器制造及销售”6个中类；“文化消费终端生产”大类包含“文具制造及销售”“笔墨制造”“玩具制造”“节庆用品制造”“信息服务终端制造及销售”5个中类。

第四节　以政府为主导推动全民阅读

从社会的发展来看，社会发展到一定阶段产生阅读，阅读促进人类社会的发展，是人类社会学习知识、传承文明的重要方式，印刷术与造纸术的发明大大降低了阅读成本，使读书从只有少数特权阶级享受的服务发展到人人都能读书，广泛开启了民智，推动了中外历史的发展进程。当今时代全民阅读成了促进社会发展必不可少的条件，在国家层面上全民阅读是提高我国人民素质与国际竞争力的重要措施，在深化改革开放，努力实现两个百年奋斗目标与全面建成小康社会的新时期的背景下，开展全民阅读的意义重大，影响深远。从短期来看，阅读量的增加和阅读水平的提升能够提高我国人民的综合素养；从长期来看，对培育和践行社会主义核心价值观有着重要作用，在传承中华优秀传统文化方面也有着重大的积极意义，因此推动全民阅读成为政府的重要职责，要为有阅读困难的人提供阅读条件，让不爱阅读的人爱上阅读，使不会阅读的人学会阅读。在个人层面上阅读可以帮助人们增长知识、拓宽视野、发散思维、愉悦生活对促进人的全面发展和提升思想境界都是一项具有意义的行为和习惯。所以自 2006 年全民阅读活动开展以来，全民阅读已经逐步成为国家战略，向前推进过程中也取得了很多成就。在新时代背景下做好以政府为主导全民阅读的推广工作是一项“功在当代，利在千秋”的事业。

一、从十五次全国国民阅读调查看国民阅读变化

（一）国民综合阅读率

国民阅读率是衡量一个国家/地区国民阅读水平的重要指标，最早用于对报纸阅读的定量研究，后来泛指纸质出版物的阅读。计算公式是：阅读率=阅读书报刊的人数/该书报刊覆盖地区总人数×100%。国民综合阅读率是加入网上阅读、手机移动阅读、其他专用阅读终端阅读的量的指标。含义是线上线下阅读出版物的人数占所覆盖地区人口总数的比率。

相比而言，2015—2017 年我国成年国民各项阅读指标都明显地提升，说明阅读已经开始受到人们的重视。2017 年 18～70 岁成年国民包括图书、报纸、期刊、数字出版物在内的各种媒介的综合阅读率为 80.30%，较 2008 年的 69.70% 大幅上升（图 8-1）。

（二）数字化阅读对传统出版物有极强的替代作用

影响综合阅读率的因素有升有降。图书阅读率在 1999—2005 年间持续下跌至 48.70%，2007 年开始稳步提升，2017 年图书阅读率增至 59.10%。

报纸阅读率 2007 年开始持续下跌，由 73.80% 下跌至 2017 年的 37.60%。

期刊阅读率 1999—2007 年经历了下跌和回升，2007 年增至最高点为 58.40%，其余年份大体呈下降趋势，偶有回升，2017 年期刊阅读率为 25.30%

较 1999 年下跌了 24. 70 个百分点（图 8-2）。

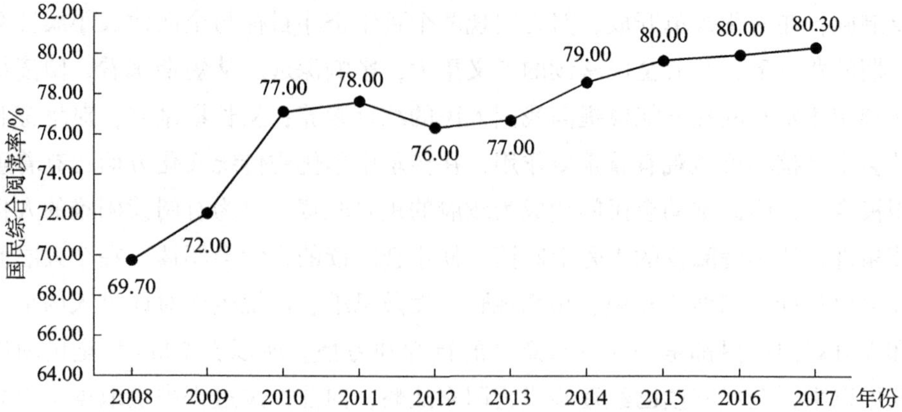

图 8-1　2008—2017 年我国成年国民综合阅读率

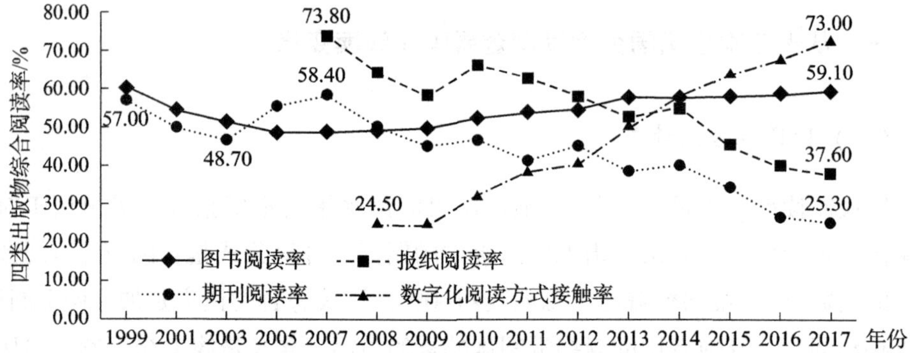

图 8-2　1999—2017 年四类出版物综合阅读率趋势图

数字化阅读方式接触率呈现大幅增加趋势，从 2008 年的 24. 50%，增长到 2017 年的 73. 00%，提高了 48. 50 个百分点，增幅接近两倍，远远高于图书阅读率的 59. 10%、报纸阅读率的 37. 60% 和期刊阅读率的 25. 30%。

由于互联网对传统媒体具有替代性，所以自从互联网出现以来，人们对互联网的接触率在一定程度上替代了对图书、报纸、期刊的接触率。尤其是移动互联的出现，从最初浏览网页到即时通讯、搜索到现在的各种 App 和微博微信等虚拟社区，日益拓展了在人们生活、学习、工作等各种方面的功能，增加了用户黏性，人们越来越习惯通过移动互联网来完成各种任务，也成为数字化阅读一定程度上代替了传统媒体的重要原因。

（三）纸质书阅读终端连年下降，手机阅读率提高

调查结果显示，虽然纸质书的阅读仍然占 45.10%，但是越来越多的人选择在手机上阅读，见表 8-2。智能手机在我国的普及率极大的提升了人们对采用手机作为终端阅读的首选。

表 8-2　2011—2017 年我国国民阅读终端形式占比　　单位：%

时间	电子阅读器	纸质书	网络在线阅读	网络下载打印阅读	手机阅读
2017 年	6.20	45.10	12.20	1.40	35.10
2016 年	3.80	52.60	9.80	1.00	33.80
2015 年	4.10	57.50	10.20	1.20	27.00
2012 年	3.40	57.20	14.30	1.60	23.50
2011 年	2.40	66.00	15.00	1.00	15.60

由表 8-2 可知，2011 年在手机上的阅读率为 15.60%，2017 年上升至 35.10%，上升了近 20 个百分点。选择拿一本纸质书阅读的人则明显降低，由 66.00%下降至 45.10%下降了近 21 个百分点。选择使用电子阅读器阅读的人也有小幅上升，选择网络在线阅读和网络下载打印阅读的人数则基本持平。

在阅读时间上，阅读时间最长的是手机阅读，在第十五次全民阅读调查报告中人均手机日阅读时长为 80.43 分钟比 2008 年的 4.66 分钟增长了约 16 倍，在 2014 年手机阅读首次开始超越网络在线阅读成为我国人民阅读使用时间最长的媒体。图书阅读时间也增长明显与 2007 年的 7.14 分钟相比增长了 13.24 分钟。报纸和期刊阅读时间都经历了先上升再下降的过程，使用电子阅读器阅读，网络在线阅读、pad 进行数字化阅读的人数也有一定规模的上涨（表 8-3）。

表 8-3 各媒体接触时长　　单位：分钟

全民阅读调查次别（时间）	图书	报纸	期刊	手机	电子阅读器	网络在线	PDA 数字化阅读
十五次（2017 年）	20.38	12.00	6.88	80.43	8.12	60.70	12.61
十四次（2016 年）	22.00	13.15	6.61	74.40	6.82	57.22	13.88
十三次（2015 年）	19.69	17.01	8.83	62.21	5.51	54.84	12.71

续表

全民阅读调查次别（时间）	图书	报纸	期刊	手机	电子阅读器	网络在线	PDA 数字化阅读
十二次（2014 年）	18.76	18.80	13.42	33.82	3.79	54.87	10.69
十一次（2013 年）	13.43	15.50	10.05	21.70	2.26	50.78	—
十次（2012 年）	13.38	18.91	13.19	16.52	2.94	46.77	—
九次（2011 年）	14.85	22.00	11.80	13.53	3.11	47.53	—
八次（2010 年）	15.39	21.73	12.52	9.49	1.61	39.27	7.76
七次（2009 年）	14.70	21.02	15.40	5.52	—	31.34	5.59
六次（2008 年）	17.70	22.83	16.26	4.66	—	26.16	—
五次（2007 年）	7.14	6.05	8.83	—	—	—	—

我国经济发展迅速，人均可支配收入逐年提高，手机成为人们日常生活中的必备品，智能手机越来越频繁地出现在人们的日常生活中，使用智能手机的人数增多也使得人均手机阅读时间飞速增长。不只手机的使用率增长迅速，电子阅读器、pad 等便携式电子设备的使用率也越来越广泛，阅读接触时长成倍增长。

第十五次全国国民阅读调查报告显示，我国成年国民对自己阅读数量评价中 22.6%的人自我评价阅读数量很少，16.9%的人认为自己的阅读数量偏少，37.7%的人认为自己阅读数量一般，12.2%的人表示说不清，只有 10.5%的人认为自己的阅读量比较多或者很多。在个人阅读满意度方面，13.1%的人对自己的阅读情况不满意，48.6%的人对自己的阅读情况觉得一般，只有 23.7%的人对自己的阅读情况满意。

以上调查表明，我国多数国民可以认识到阅读的重要性，并对自己目前的阅读现状不是很满意，有一定的阅读需要，目前出版机构要针对这方面人群深挖阅读需求，这些人群将为出版机构带来广泛的市场空间。同时，深入恰当的国民阅读是国民素质提升的基本保障，在国民收入增长、新经济背景下，如何倡导、引导阅读成为国民素质持续提升的重要因素，也是我国劳动力水平持续提升的原因，更是将中国文化植根于内心、显示文化自信的基础工程，需要政府为全民阅读提供有效的政策供给。

二、政府引导全民阅读

开展全民阅读活动是我国文化强国建设道路上的重要举措，对于宣扬正确的主流意识形态，培育和践行社会主义核心价值观有着重要的意义。同时，阅读是提高民族思想道德素质和科学文化素质的直接手段和重要途径，对于增强民族文化软实力，最终实现中华民族伟大复兴中国梦的积极影响也是不容忽视的。

党的十六大正式提出了建设学习型社会的要求和目标，“全民阅读”活动正是对这一要求的响应，是由中央宣传部、中央文明办、新闻出版总署共同组织实施的。2006 年以来，在中宣部、中央文明办、新闻出版总署、文化部、国家广播电影电视总局、教育部、解放军总政治部、共青团中央、全国总工会、全国妇联等部门的共同倡导下，全国范围内的阅读活动蓬勃发展。中国的全民阅读是以世界读书日为基础的。1995 年，联合国教科文组织宣布 4 月 23 日为“世界读书日”。4 月 23 日是西班牙著名作家塞万提斯和英国著名作家莎士比亚逝世周年纪念日。从 1995 年起，每年的 4 月 23 日被正式指定为“世界图书和版权日”，旨在促进更多的人阅读和写作。1972 年，联合国教育、科学及文化组织（教科文组织）在全世界发范围内发出“阅读社会”的呼吁，认为每一个人都应该坚持阅读，养成阅读的习惯，每个人都应该努力将阅读作为人们生活中的必需品来看待。

多读书、读好书是提高全民素质和社会文明水平的重要环节。随着我国越来越重视阅读的作用，在 2016 年 12 月，我国发布了第一个全国阅读计划——“十三五”期间全国阅读发展规划，2017 年全国阅读立法经国务院审议通过。在国家相关政策的指导下，目前，许多地区的全民阅读活动如火如荼地开展，400 多个城市设立了永久性阅读节和阅读月，北京、上海等城市根据自身的城市发展特色，形成了一系列品牌活动。活动规模不断扩大，内容不断丰富，方式不断创新，影响不断扩大。据不完全统计，2017 年的世界读书日，全国范围内累计开展了 1.3 万多次群众阅读活动，吸引了大量的群众参与其中，直接参与人数约 6000 万人，覆盖面近 8 亿人。充分发挥优秀出版物的示范带动作用。中宣部、新闻出版广电总局先后举办了针对阅读的各种奖项，包括“五个一工程”奖、中国出版政府奖、向全国青少年推荐百种优秀出版物、大众喜爱的 50 种图书等一系列创优活动。同时，为了提升阅读效果，我国还积极借鉴国外的先进模式，根据我国儿童的特点和教育模式，探索阶梯阅读体系，帮助儿童从小养成阅读良好的习惯。近年来，总局累计组织数百家出版单位到中西部经济发展比较落后的地区开展阅读活动，组织征文比赛，并积极组织捐赠图书等各项活动，使这些地区的儿童也能享受政策红利，吸引了大量的少年儿童参与。

（一）有效的政策供给

自2006年起，政府相关部门首次提出《关于展开全民阅读活动倡议》，全民阅读概念首次进入公众视野，引起了全社会的广泛关注，这份文件的主要内容为倡议和鼓励。其中提出三条倡议：第一鼓励各部门各团体积极展开阅读活动；第二有关部门要展开丰富的读书推广活动和“向困难群众赠书”活动；第三举办“我最喜爱的一本书”征文活动，鼓励读者积极参与。这份文件成为我国社会积极展开全民阅读活动的起始和开端，此后各种全民阅读的活动广泛开展，吸引了群众的参与。此后每年国家新闻出版广电总局都会发布关于当年全民阅读活动的通知，对每一年的全民阅读活动提供方向性的指导和重点工作的部署，这份通知也成了各个地区行政部门制定当地全民阅读活动实施方案的基础和原则性指导文件。

2011年“深入开展全民阅读活动”写入了《中共中央关于深化文化体制改革、推动社会主义文化大发展大繁荣若干重大问题的决定》，2012年国家新闻出版广电总局发布《关于深入开展全民阅读活动努力建设“书香中国”的通知》，建设“书香中国”成为我国推进全民阅读的战略目标，开展全民阅读活动已经写入了党的十八大工作报告，各地开始针对该活动制定具体的中长期规划和具体行动方法。2016年，国家发布了《全民阅读“十三五”时期发展规划》，提出了“十三五”时期全民阅读活动重点任务的十个专栏，包括了28项全民阅读工作重点项目，涉及举办全民阅读活动、加强内容供给、深入基层群众、强化基础设施建设、数字化建设、建设全民阅读法规等。全民阅读活动开始规范化开展。

《全民阅读促进条例》由2017年6月开始实施，以法律的形式全方位保障公民阅读的合法权利，推动国民阅读工作法治化。内容包括各地各组织展开全民阅读活动需要遵循的基本原则、在全民阅读方面人们可以从政府部门得到的帮助、为重点群体提供阅读保障、对提供阅读服务组织和群体出台鼓励措施、明确不合规行为的法律责任五个方面，使全民阅读工作走向法治化道路。从这一系列举措中看出，代表着全民阅读由原先的纯民间自愿行为上升为目前的国家发展战略。

（二）政府为全民阅读提供服务

为保证政策的实施落在实处，国家组织建设了一系列促进全民阅读的工程和项目。全民阅读在政策实施方面针对不同的群体提供了不同的应对方案，针对农村群体的“农家书屋”建设工程，是为了满足农民的文化需要在建制村建立的为农民提供文化服务的公益性服务工程，切实解决广大农民“买书难，借书难，看书难。”的问题。针对少年儿童的书香童年建设工程，目的是培育少年儿童社会主义核心价值观，引导少年儿童健康阅读，培养少年儿童阅读习惯，丰富广大少年儿童精神文化生活，通过举行少儿读物捐赠、知名作家走进学校、征文活动主题演讲、诵读经典等阅读活动形成良好的读书风气。全面阅读“七进”工程是推进全民阅读，使得阅读的风气能够在全社会铺开，让全面阅读走进社会的每个角落，落实“七进”工作，鼓励各部门各群体开展丰富多样的阅读活动，一系列各项活动将全民阅读的浪潮向更加基层化、深入化推进。

我国全民阅读工作在数字化建设方面也取得了丰厚的成果，2011 年的“数字图书馆推广工程”由文化部和财政部共同推出，目标是建设覆盖各级图书馆的数字图书馆，拥有海量分布式数字资源库群，将优质内容数字化，加快推进图书馆公共文化服务数字化建设。2012 年公共电子阅览室建设工程，为我国人民的阅读需要提供更便捷更优质的服务。2012 年的“公共电子阅览室建设”以公益性、基础性、便利性、均等性为原则，主要针对未成年人、中老年人、进城务工人员，依托文化信息资源共享工程和国家数字图书馆的资源，推进公共电子阅览室免费开放。这一系列工程和项目对净化网络空间、为人民群众提供优质内容、推进全民健康阅读有积极意义。各地政府也积极规划响应，通过搭建平台、资金支持、开展活动、媒体报道等方式推动全民阅读工作走向实处。

（三）政府打造全民阅读品牌

我国民众虽然能广泛认识到阅读的重要性，但不少人对“全民阅读”的概念仍然陌生，2012 年国家新闻出版广电总局发布《关于深入开展全民阅读活动努力建设“书香中国”的通知》中提出要培育一批“书香品牌”，面向社会、面向组织、面向基层开展书香之家活动，有条件的地区展开“书香之乡”“书香之县”活动，推动全民阅读走向农村走向基层，扩大全民阅读的社会影响力。

各省市积极响应分别如火如荼开展以“书香××”命名的全民阅读活动，北京探索深化全民阅读的“北京模式”，在北京阅读季利用阅读带头人意见领袖的作用推广全民阅读，打造“书香北京”系列评选活动。青海省将文化与旅游联系起来，开展青海文化旅游节文化活动季“书香青海・全民阅读”活动，开展“文苑英华馆藏特色古籍展”特色活动，展出古籍、书画、碑拓等，开放读者参观，邀请民俗专家为读者讲解当地民俗建构。提升全民阅读的普及性与影响力。各地根据当地特色举办不同主体的全民阅读活动，甘肃省举办“书香陇原”系列全民阅读活动，广东探索“广东模式”，开展“书香岭南”活动，山西举办“书香三晋·文化山西”系列全民阅读活动等将全民阅读推向高潮，“书香品牌”影响力逐渐提高。

三、全民阅读推动出版产业高质量发展

全民阅读调查报告中显示，随着互联网不断发展，各种应用操作更加便捷，智能移动设备迅速普及，科技的发展对人们阅读习惯的改变越来越大。传统出版业也要配合人们阅读习惯的改变寻找更加多元化、个性化、自主化的发展方式。

（一）顺应国民阅读习惯阅读形式多样化

数字化是出版产业应对国民阅读习惯改变的一个重要转型方式，面对巨大的市场空间，符合国民阅读习惯，携带方便、灵活性强、互动性强的数字出版产业将迎来难得的历史发展机遇。

当前数字化出版的主要收入来源是出版物内容销售和广告收入等，内容销售的盈利模式以会员制和付费订阅为主。相比于传统出版，数字出版的盈利模式更加多样化，市场空间更大。在商业模式选择上，寻找自己目标受众的阅读需求，开发增值服务，拓展数字化出版的多元商业模式。

数字化不仅体现在出版物形态上，出版机构可以在出版的各个阶段深入运用互联网，在选题策划阶段运用互联网搜集和了解读者意见寻找读者需求，在宣传推广方面运用微博、微信等各种虚拟社区进行线上宣传引导线下消费，出版物销售方面增加线上销售渠道，可以采用出版机构自办网站的方式或与商业网站合作的方式拓宽出版物销售渠道。

（二）加强内容把关引导提升读者阅读需求

数字化阅读在人们生活中影响越来越深入的环境下，读者的信息来源十分丰富，同时信息内容也十分复杂。一些媒体为了吸引受众注意，经常推送一些虚假消息和不良内容。这就要求编辑对内容进行严格把关。

传统“把关人”在信息传播的过程中决定着信息的传播和终止，在移动媒体所带来的浅阅读时代，“把关人”的概念不再体现在一篇作品能否刊登发表的层面，而是需要从观念、价值观、政治素养层面对读者进行引导，培养读者健康

阅读，升级读者需求。

伴随着各种媒体的层出不穷，媒体格局，舆论环境，传播方式，受众需求等各种方面都在发生着巨大的变化，作为“把关人”的传统媒体，要积极适应媒介发展变化，要在实践中创新，重新定位自身角色，引导提升读者的阅读层次和需求。

（三）增强基层阅读服务开拓出版市场

全民阅读的浪潮为出版业迎来了新机遇，包括农家书屋在内的基层发行网点建设将实现巨大突破。在新时期背景下，如何保障基层发行网点的公益性和服务性与商业性和长效性的协调统一，既是全民阅读工作的追求，也是出版业市场扩张的要求。

农家书屋的建设意义深远，能够满足农村地区人们的文化需要，是基层出版发行网点建设的重要突破。可以解决农民“买书难，借书难，看书难”的问题。出版机构可以针对农民的文化需要出版一些知识普及书籍和实用技术书籍，开发农村市场，以农家书屋为起点，激发基层文化消费活力，深化基层出版公共服务，推动全民阅读的发展。

四、扶持实体书店

实体书店是城市重要的文化设施和文明窗口，是高质量发展和高质量生活的基础，可以说是城市的精神地标。2010 年后，数字阅读和线上购买的发展对实体书店的销量带来了巨大的冲击，给实体书店的生存造成巨大的压力。目前，已经接连有一批又一批的实体书店关门歇业，在社会上引起了广泛关注。2016 年以来，随着大型城市商业的回暖，实体书店焕发出生机，同时，在网上购书、数字阅读已成潮流的今天，实体书店需要政府大力扶持。

实体书店不仅需要通过经营获得利润，同时还承担着传播文化的社会职责，在一定程度上具有公益属性，因此，政府有必要给予扶持和引导。从一定层面来看，它是公共文化服务体系的重要组成部分。政府可以采取财政、税收、项目带动、政策保障等政策供给措施，扶持公共文化服务体系更好地服务社会大众。

近年来，国家在扶植实体书店方面，尤其是在农村市场领域给予了多方面的支持，包括经济上的补助和政策上的倾斜。实体店扶持工作一直在进行中，还进行了试点，对位于全国超过十个重点城市的 59 家实体书店进行调研，并给予 9000 万元奖励资金。2016 年扶持范围扩大到全国范围，包括农村网点实体书店，奖励资金已经增加到两亿多元。对一些开展这方面工作的出版企业，国家开始落实免税政策，免征图书批发、零售环节增值税。与此同时，依托地方机构和部分企业，以“东风工程”等项目实施范围的国家工程范围逐渐扩大，涉及西藏、内蒙古、广西、宁夏等多个省份。2016 年《关于支持实体书店发展的指导意见》进一步明确指出，一是在新建社区中，积极为实体书店预留经营场所，给予房地产和商业设施以一定的经济补贴和支持，用于降低实体书店的租金，减少实体书店运营成本。二是鼓励建设具有特色的实体书店，并建立专门的基金积极扶植创新项目，给予一定的财政补贴或者现金奖励。三是由政府出面提供培训、咨询等服务。四是简化行政审批程序，降低准入门槛，大量吸引社会资本加入实体书店的投资。五是发展创造公平有序的市场环境，规范出版物市场秩序。

2016—2017 年，在政策支持下，实体书店呈现动态发展趋势。2016 年，全国出版物发行单位超过 11 000 个，从业人员接近 100 万人，发行网点同比增长 24. 1%，出版物销售总额 3 498. 7 亿元，同比增长 19. 5%。总资产 9590 亿元，营业收入 6861. 46 亿元，实现利润 304. 8 亿元。实体书店积极创新，寻求全新的发展模式，各大城市都涌现出了一批包含图书销售在内的新型文化综合体。钟书阁、方所、言几又、猫的天空之城等新型实体书店颠覆了人们对传统书店的认识，它们已经不仅作为实体书店存在，还传播了自己的文化理念，是实体书店的成功转型。新华书店也开始寻求突破和创新，在部分店铺打造“最美的书店”，赢得人们的肯定。许多新书店具有咖啡、录像、创意写作、展览和培训等功能，与国际发展趋势相适应。在一些规模较大的城市中，甚至出现了专业性的实体书店。这些实体书店一般都有自己的细分目标人群，如专门针对美术、旅游、音乐、儿童等，专业性较强，拥有自己的风格。有一些书店甚至大胆“跨界”，成了医院、银行、汽车美容商店和连锁药店，大大增加了书店的受众。

第九章　结　语

中国经济进入新时代，以供给侧结构性改革为主线实现中国经济的高质量发展的大背景下，出版产业的改革发展的历史使命也被定位在供给侧结构性改革和高质量发展。实现出版产业转型升级的这一历史使命，需要始终以高质量发展为核心，紧紧抓住企业、创新和政府政策三方面的改革主题，总体谋篇布局，逐次深入。

以企业为核心的供给侧结构性改革中，塑造具有规范的现代企业制度和法人治理结构的市场竞争主体，加快培育适应出版产业发展特点和需要的企业家精神，培养更加丰富的人力资源特别是能够很好适应国际市场经营需要的高端人才队伍，以及依托企业的市场化力量引导和促进高质量文化内容创作，是从供给侧支撑出版产业高质量增长的根本要素。而在加强知识产权保护基础上加快版权资源市场化改革，则将促使优秀文化产品更好地实现市场价值，激发优秀出版产品不断被创造，在更好地丰富和支撑体现主流价值的图书出版的同时，也将为中国图书市场注入新的增长活力。最后，企业文化的建设，以及中国出版企业品牌的提升，与企业竞争力的提升相辅相成，也是高质量发展的重要体现和不可或缺的组成部分。

以创新为核心的供给侧结构性改革，是当前包括出版产业在内的所有产业领域的共同时代话题，而出版产业受到的冲击最早也最大。但正因为如此，出版产业创新融合的激励最强，成果也更为突出。过去十多年，以数字出版为标记的出版新业态、新模式和新服务正在全面地改变产业的整体发展面貌。所以，出版产业供给侧结构性改革就是在这一没有选择的大背景中展开，与新技术更好融合创新中实现发展，成为高质量发展的最现实的快车道。具体而言，一方面是加快媒介融合，实现传统出版从创作、印刷到出版发行权、产业链的转型和升级，依托新技术的力量改造传统生产体系，降低成本提高效率的同时，能够更好地跟进全社会阅读需求变化的步伐，提供更有针对性、个性化的优质产品，提供更贴近读者的多元化服务，把简单的阅读提升到交流和学习沟通。另一方面则是以开放的心态，更好地拥抱新技术新模式新业态，以数字出版为核心，打破传统的产业边界，与信息技术相关产业和新兴的文化产业融合，紧抓新一轮信息技术进步的机遇，推进自身结构性升级的步伐，实现高质量发展的历史使命。

以政府为核心的出版业供给侧结构性改革，是企业和创新层面改革发展成功的根本保障。在此，政府首先需要做好出版产品价值取向的“把关人”，特别是关注教材为代表的关系我国教育事业大局的关键领域，确立以中国优秀传统文化为核心的主流价值的主导性地位，引导出版产业向社会提供丰富的精神食粮。其次，应加快出版产业基础性制度改革的步伐，切实提供行政效率，简化审批流程，鼓励市场竞争，为更好地发挥市场机制优胜劣汰作用创造条件。另外，作为提高管理效率的重要前提，尽快完善我国出版产业的统计体系，使新体系能够更好地反映近年来出版行业发生的最新变化，能够更好地体现新技术发展的需要，更好地服务国家的宏观调控和政策制定，也是迫在眉睫的基础性工作。最后，作为公益性出版事业的责任主体，国家如何通过扶植实体书店和引导全民阅读，也是出版实现高质量发展的重要组成部分和供给侧结构性改革的具体内容之一。

处于当下的时代变革背景下，出版产业供给侧结构性改革虽然已经在全面推进中，待解决的问题层出不穷，本书的研究并未如动笔前所期待的那样，完成对所有关键问题的研究讨论，对已有问题的讨论也不尽如人意，其中，尤其需要指出的是，如何将出版产业这一波澜壮阔的改革发展进程所包含的理论意义总结出来，并进一步丰富现有理论对新时代出版产业理论研究的不足；数据的完整性和可对比性问题，导致国内行业之间、国内外出版业之间的对比难以很好地呈现；新媒体技术在国内出版业的实践还在探索中，新业态、新模式仍然不稳定、不成熟，没有形成明确的体系，缺乏行业标准，难以在理论中进行恰当的梳理等问题需要在今后的研究当中需要不断深入探究。

参考文献

薄丽丽,2013.河北省图书出版业社会效益研究[D].保定:河北大学.

保罗·克雷·罗伯茨,2011.供应学派革命:华盛顿决策内幕[M].上海:上海人民出版社.

布鲁斯·巴特利特,2011.新美国经济:里根经济学的失败与未来之路[M].北京:中国金融出版社.

蔡昉,2016.认识中国经济减速的供给侧视角[J].经济学动态(4).

曹国亮,2015.供给侧管理在中国的推出及国际经验[J].品牌(10).

曹建,2016-05-20.大学出版供给侧改革六途径[N].中国出版传媒商报.

曾荣平,2018.进出口政策性金融支持出版产业"走出去"的问题与对策[J].绿色科技(8).

车海刚,2015."供给侧结构性改革"的逻辑[J].中国发展观察(11).

陈丹,2013-11-23.五大要素提升书业数字出版竞争力[N].中国出版传媒商报.

陈丹,刘华坤,2014.开放获取出版的新进展[J].科技与出版(9).

陈洁,2017.社群效应与图书出版产业新态[J].中国出版(20).

陈龙,2016.供给侧结构性改革:宏观背景、理论基础与实施路径[J].河北经贸大学学报(5).

崔保国,2015.中国传媒产业发展报告(2015)[M].北京:社科文献出版社.

邓磊,杜爽,2015.我国供给侧结构性改革:新动力与新挑战[J].价格理论与实践(12).

邓满,2016.我国出版集团上市之路径研究——以南方传媒、长江传媒等6家上市公司为例[J].科技与出版(5).

董艳玲,王立锋,2016.论供给侧改革的金融支持[J].中外企业家(7).

杜恒波,朱千林,2017.我国图书出版产业“走出去”研究现状及发展态势[J].出版发行研究(5).

杜贤,2016.创新推动出版供给侧结构性改革——兼析人民卫生出版社有限公司的实践探索[J].科技与出版(9).

[美]多克希尔斯,2016.意愿经济:大数据重构消费者主权[M].北京:电子工业出版社.

樊希安,2016.关于出版业供给侧改革的几点思考[J].中国出版(13).

范军,2015.2014—2015中国出版业发展报告[M].北京:中国书籍出版社.

方卿,2011.出版产业链研究[M].北京:高等教育出版社.

方卿,2013.数字出版产业管理[M].北京:电子工业出版社.

方卿,2018.产品或服务:出版人的一个选择题[J].现代出版(1).

费瑞波,2018.出版产业融合创新研究:价值创造与路径选择[J].出版科学(1).

冯志峰,2016.供给侧结构性改革的理论逻辑与实践路径[J].经济问题(2).

符晓静,2016-04-08.职业教育出版如何适应供给侧结构性改革[N].中国新闻出版广电报.

付江,2017.传统期刊行业供给侧改革的思考[J].出版参考(1).

龚刚,2016.论新常态下的供给侧改革[J].南开学报(哲学社会科学版)(2).

龚牟利,2016-03-08.供给侧改革:解决出版“滞胀”抓手?[N].中国出版传媒商报.

龚雯,2016-01-04.七问供给侧结构性改革[N].人民日报.

谷征,2015.2014年全国国民阅读调查十大结论[J].出版发行研究(9).

郭克莎,2016-03-16.统筹用好需求侧调控和供给侧改革政策[N].中国证券报.

郭亚军,2010.基于用户信息需求的数字出版模式[M].上海:上海世界图书出版公司.

国家新闻出版广电总局规划发展司,2018.2006—2017中国新闻出版统计资料汇编[M].北京:中国书籍出版社.

国家新闻出版广电总局,2017.新闻出版广播影视“十三五”发展规划[J].中国出版(20).

郝身永,那艺,2015.更加关注供给侧的宏观经济管理——因应国内外形势变化的积极调整[J].当代经济管理(4).

何华征,盛德荣,2016.论出版“供给侧改革”的愿景及其进路[J].出版发行研究(5).

何显红,2016.出版产业供给侧改革初探[J].出版广角(8).

洪银兴,2016.准确认识供给侧结构性改革的目标和任务[J].中国工业经济(6).

胡鞍钢,周绍杰,任皓,2016.供给侧结构性改革——适应和引领中国经济新常态[J].清华大学学报(哲学社会科学版)(2).
黄剑,2016.论创新驱动理念下的供给侧改革[J].中国流通经济(5).
黄凯南,2015.供给侧和需求侧的共同演化:基于演化增长的视角[J].南方经济(12).
黄群慧,2016.论中国工业的供给侧结构性改革[J].中国工业经济(9).
黄升民,2012.数字传播技术与传媒产业发展研究[M].北京:经济科学出版社.
黄孝章,2011.数字出版产业发展研究[M].北京:知识产权出版社.
纪萃,2016.协调供给侧与需求侧改革、发展、管理"一个都不能少"[J].预算管理与会计(5).
贾康,苏京春,2016.新供给经济学:理论创新与建言[M].北京:中国经济出版社.
贾康,苏京春,2016.供给侧改革:新供给简明读本[M].北京:中信出版社.
贾康,苏京春,2014.探析"供给侧"经济学派所经历的两轮"否定之否定"——对"供给侧"学派的评价、学理启示及立足于中国的研讨展望[J].财政研究(8).
贾康,苏京春,2014."五维一体化"供给理论与新供给经济学包容性边界[J].财经问题研究(11).
贾康,苏京春,2015."三驾马车"认知框架需对接供给侧的结构性动力机制构建——关于宏观经济学的深化探讨[J].全球化(3).
贾康,2015."十三五"时期的供给侧改革[J].国家行政学院学报(6).
贾康,2015.供给侧改革的核心内涵是解放生产力[J].中国经济周刊(49).
贾康,苏京春,2016."供给侧"学派溯源与规律初识[J].全球化(2).
贾康,苏京春,2016.论供给侧改革[J].管理世界(3).
金海年,2014.新供给经济增长理论:中国改革开放经济表现的解读与展望[J].财政研究(11).
柯积荣,王惠荣,2017.教育出版供给侧结构性改革路向思考——以职业教育出版为例[J].科技与出版(2).
李本松,2016.习近平供给侧结构性改革思想探析[J].河北经贸大学学报(5).
李翀,2016.论供给侧改革的理论依据和政策选择[J].经济社会体制比较(1).
李稻葵,2015.关于供给侧结构性改革[J].理论视野(12).
李东,2017.传统出版与数字出版的深度融合发展研究[J].新媒体研究(23).
李刚,2016.供给侧改革背景下图书出版结构创新思路[J].经营管理者(15).
李建臣,陈丹,刘千桂,2015.互联网+新闻出版:我国新闻出版制度理论构建[M].北京:人民出版社.

李军,2014. 文化创意产业投融资创新[M]. 北京:中国传媒大学出版社.

李军,2006. 北京音像市场现状分析及未来展望[A]. 北京市哲学社科研究基地“出版产业与文化”年度报告.

李军,2012. 中外文化创意产业主要融资方式和渠道探悉[A]. 北京印刷学院新闻出版学院教学科研论文集.

李军,2016. “十二五”新闻出版产业发展特征分析. 科技与出版[J](3).

李军,2016. “十三五”新闻出版产业发展前景展望[J]. 中国出版(9).

李凯杰,2016. 供给侧改革与新常态下我国出口贸易转型升级[J]. 经济学家(4).

李其名,姚君喜,2017. 工业4.0时代智能化出版发展路径[J]. 出版科学(5).

李晓晔,2015. “供给侧改革”与出版创新[J]. 出版发行研究(12).

李欣人,2005. 图书出版:在社会效益与经济效益的天平上[J]. 中国出版(10).

李由,2015. 发展需求与政府供给——兼论供给侧改革[J]. 人民论坛(35).

李友生,2016. 供给侧结构性改革:中小出版社在“互联网+”时代的一剂良方[J]. 传播与版权(10).

李玉红,陈婧薇,宋阳,张炜华,2016. 中国传媒产业发展的实证研究[M]. 北京:科学出版社.

李长青,2016. 从数据看中国新闻出版业发展新态势[J]. 出版广角(17).

厉以宁,2016. 解码“供给侧改革”:2016—2020中国经济大趋势[M]. 北京:群言出版社.

廖清成,冯志峰,2016. 供给侧结构性改革的认识误区与改革重点[J]. 求实(4).

林环,2017. 数字出版产业价值链与商业模式创新研究[J]. 中国出版(14).

林卫斌,苏剑,2016. 供给侧改革的性质及其实现方式[J]. 价格理论与实践(1).

林远,2015-11-30. 供给侧改革的核心需激活生产要素[N]. 经济参考报.

刘亮,李洁,李明月,2016. 供给侧改革应与需求侧管理相配合[J]. 贵州社会科学(7).

刘明达,顾强,2016. 从供给侧改革看先进制造业的创新发展——世界各主要经济体的比较及其对我国的启示[J]. 经济社会体制比较(1).

刘伟,蔡志洲,2016. 经济增长新常态与供给侧结构性改革[J]. 求是学刊(1).

刘向耘,2016. 供给侧改革需要解决的问题[J]. 中国金融(1).

刘尧飞,沈杰,2016. 经济转型升级背景下供给侧改革分析[J]. 理论月刊(4).

刘志迎,徐毅,庞建刚,2016. 供给侧改革:宏观经济管理创新[M]. 北京:清华大学出版社.

柳永浩,2014. 亚马逊经济学[M]. 北京:电子工业出版社.

鲁婧,2010. 公益性出版单位的社会绩效评价指标体系研究[D]. 武汉:武汉理工大学.

路娜,2016. 供给侧结构性改革:策划编辑从怎么看到怎么办[J]. 科技与出版(9).

罗良文,梁圣蓉,2016. 论新常态下中国供给侧结构性动力机制的优化——基于1994—2014年省级面板数据的实证分析[J]. 新疆师范大学学报(哲学社会科学版)(2).

吕芠,2016. 工匠精神:出版业供给侧改革之魂[J]. 科技传播(10).

马龙龙,2016. 流通发展新常态下的“需求侧”改革思考[J]. 商业经济研究(22).

孟潇碧,2016. 新形势下按需出版发展研究[D]. 北京:中国艺术研究院.

米尔顿·弗里德曼,2008. 自由选择[M]. 北京:机械工业出版社.

米尔顿·弗里德曼,2014. 实证经济学论文集[M]. 北京:商务印刷馆.

倪广宏,2018. 聚焦聚力新旧动能转换,推动新闻出版广播影视产业高质量发展[J]. 现代视听(2).

聂震宁,2015. 出版业新常态:观察与思考[J]. 出版发行研究(4).

逄锦聚,2016. 经济发展新常态中的主要矛盾和供给侧结构性改革[J]. 政治经济学评论(2).

普娜,2016. 浅谈出版行业供给侧改革思路[J]. 现代商业(11).

齐媛媛,陈丹,2014. 国外出版平台技术商典型分析(二)——以Impelsys、MPSLimited、Semantico为例[J]. 科技与出版(12).

秦国伟,卫夏青,李铁铮,2016. 农家书屋选用目录视域下的农村出版物供给侧改革——以安徽省为例[J]. 科技与出版(5).

邱方明,2016. 文化领域也要进行供给侧结构性改革[J]. 前线(2).

邱海平,2016. 马克思主义政治经济学对于供给侧结构性改革的现实指导意义[J]. 红旗文稿(3).

任保平,2016. 供给侧改革与需求管理相结合的经济增长路径[J]. 甘肃社会科学(4).

任泽平,冯赟,2016. 供给侧改革去杠杆的现状、应对、风险与投资机会[J]. 发展研究(3).

任泽平,张庆昌,2016. 供给侧改革去产能的挑战、应对、风险与机遇[J]. 发展研究(4).

邵素军,2015. 透视“供给侧改革”反思“互联网+”[J]. 商场现代化(26).

邵宇,2015. 供给侧改革——新常态下的中国经济增长[J]. 新金融(12).

萨伊,1998. 政治经济学概论[M]. 北京:商务印书馆.

沈坤荣,2016. 供给侧结构性改革是经济治理思路的重大调整[J]. 南京社会科学(2).

沈珉,2018.人工智能技术再造出版生态[J].出版科学(1).
宋立刚,蔡昉,2016.全球背景下的中国经济转型[M].北京:社会科学文献出版社.
孙福军,2016.试论供给侧结构性改革对国有出版企业财务管理工作的影响及应对方法[J].经济研究导刊(17).
孙亮,石建勋,2016.中国供给侧改革的相关理论探析[J].新疆师范大学学报(哲学社会科学版)(3).
孙晓翠,2017."企业2.0"时代出版企业向知识服务提供商的转型升级模式[J].出版发行研究(8).
陶彦希,2017.关于出版业供给侧改革的几点思考[J].中国报业(7).
滕泰,范必,2016.供给侧改革[M].北京:东方出版社.
童健,2016.浅析供给侧结构性改革与出版集团主业发展实践[J].科技与出版(6).
王关义,谢巍,2017.我国出版业供给侧改革思路[J].中国出版(1).
王广照,2015.出版社社会效益考核的实践与探索——以中原大地传媒股份有限公司为例[J].出版发行研究(11).
王红强,2018.产业融合趋势下的我国传媒产业发展研究[M].成都:四川大学出版社.
王红茹,2015."需求侧改革"如西药,"供给侧改革"如中药[J].中国经济周刊(47).
王佳宁,盛朝迅,2016.重点领域改革节点研判:供给侧与需求侧[J].改革(1).
王声啸,2016.中国供给侧结构性改革的综合研究综述[J].当代经济(33).
王莳骏,2015.出版社社会效益评估体系探析——以上海市为例[J].出版发行研究(11).
王晓光,金秀坊,2018.数字出版何去何从——2017年数字出版研究综述[J].出版广角(3).
王一鸣,2016-03-29.正确理解供给侧结构性改革[N].人民日报.
王勇安,赵芝,2017.从"粉丝经济"到"票友经济"——关于融合发展趋势下的出版业态创新的思考[J].编辑之友(10).
王元地,杨雪,胡园园,李艳佳,2016."供给侧改革"解读及其政策影响下的企业实践[J].中国矿业大学学报(社会科学版)(3).
韦向克,2017.论传统出版与数字出版的深度融合发展[J].出版广角(11).
魏玉山,2015.把社会效益放在首位需要建立考核评估体系[J].出版发行研究(9).
魏玉山,2016.出版业:加快供给侧结构改革,满足不断升级的读者需求[J].编辑学刊(3).

文建东,宋斌,2016. 供给侧结构性改革:经济发展的必然选择[J]. 新疆师范大学学报(哲学社会科学版)(2).

吴敬琏,厉以宁,2016. 供给侧改革引领"十三五"[M]. 北京:中信出版社.

吴敬琏,2016. 供给侧改革[M]. 北京:中国文史出版社.

吴尚之,2014. 积极推进传统出版与新兴媒体融合发展实现中国出版业繁荣发展的新未来[J]. 中国出版(17).

吴赟,2009. 文化与经济的博弈[M]. 北京:中国社会科学出版社.

肖刚,芦宏伟,2016. 浅谈出版社供给侧改革[J]. 中国编辑(6).

肖林,王沛,2016. 中国宏观调控新方向:供给侧改革与需求侧管理协同——新供给经济学的视角[J]. 科学发展(8).

谢地,郁秋艳,2016. 用马克思主义政治经济学指导供给侧结构性改革[J]. 马克思主义与现实(1).

谢清风,2017. 以供给侧改革提升出版社会效益[J]. 中国编辑(1).

谢清风,2018. "一带一路"倡议与提高中国出版国际竞争力分析[J]. 科技与出版(1).

徐康宁,2016. 供给侧改革的若干理论问题与政策选择[J]. 现代经济探讨(4).

徐庆群,高寅,2016. 读书会:出版行业供给侧结构性改革的一把钥匙[J]. 科技与出版(11).

徐艳,刘羽,2017. IP 热背景下的传统出版业产业链重构[J]. 中国出版(15).

许光建,2016. 加强供给侧结构性改革,为实现"十三五"发展目标奠定良好基础[J]. 价格理论与实践(1).

许剑颖,2017. 数字出版知识服务的内涵、模式及对策[J]. 科技与出版(11).

许乃青,2005. 出版社社会效益评估的构想与实践[J]. 中国出版(10).

亚当·斯密,1972. 国民财富的性质和原因的研究:上卷[M]. 北京:商务印书馆.

杨建龙,2010. 新一轮经济增长的结构与趋势研究[M]. 北京:中国发展出版社.

杨建龙,2014. 文化的经济力量——文化创意产业推动国民经济发展研究[M]. 北京:中国发展出版社.

杨健,2016. 互联网+2.0:供给侧改革与企业转型升级路线图[M]. 北京:机械工业出版社.

杨鲁军,2009. 第二次革命:论里根经济学[M]. 上海:格致出版社.

杨伟民,2016. 适应引领经济发展新常态:着力加强供给侧结构性改革[J]. 宏观经济管理(1).

杨宜勇,邢伟,2016. 公共服务体系的供给侧改革研究[J]. 人民论坛·学术前沿(5).

杨振,2016. 以供给侧结构性改革化解产能过剩[J]. 理论视野(1).
姚宝权,2016. 试论我国传统图书出版的供给侧结构改革[J]. 中国出版(13).
姚余栋,李宏瑾,2014. 梅花与牡丹:中国经济新常态下的消费崛起[M]. 浙江:浙江大学出版社.
于殿利,2016-03-18. 以供给侧改革促进出版产业市场化现代化[N]. 中国出版传媒商报.
余典范,2017. 2017 中国产业发展报告:新旧动能转换[M]. 上海:上海人民出版社.
余人,冯长,2016. 从"供给侧改革"看传统蒙学图书的深度开发[J]. 出版广角(15).
虞志坚,2016. 供给侧改革背景下数字出版的发展策略[J]. 传播与版权(11).
袁红英,张念明,2016. 供给侧改革导向下我国财税政策调控的着力点及体系构建[J]. 东岳论丛(3).
袁煌,2016. 浅谈文化企业社会效益的价值评估[J]. 中国资产评估(1).
张弛,2016. 读懂"供给侧结构性改革"[J]. 经济导刊(2).
中国数字出版产业年度报告课题组,张立,王飚,李广宇,2017. "十三五"开局之年的中国数字出版——2016—2017 中国数字出版产业年度报告主报告(摘要)[J]. 出版发行研究(7).
张明哲,2007. 社会效益:理论、指标体系与方法探索[D]. 兰州:兰州大学.
张世海,2016. 供给侧结构性改革背景下对民营出版业的思考[J]. 编辑之友(10).
张为杰,李少林,2016. 经济新常态下我国的供给侧结构性改革:理论、现实与政策[J]. 当代经济管理(4).
张伟伟,李燕,赵文义,孙守增,2017. 供给侧视域下的学术期刊数字出版发展路径[J]. 中国科技期刊研究(2).
张文忠,2016. 对出版业供给侧改革的思考[J]. 出版与印刷(1).
张银平,2016. 供给侧改革提升新闻出版品质[J]. 青年记者(10).
张雨晗,2010. 试论出版企业社会效益与社会责任[J]. 中国出版(8).
张志成,2009. 中国出版产业创新与发展[M]. 北京:印刷工业出版社.
张志成,李治堂,2003. 我国图书发行业市场结构、行为与绩效分析[J]. 出版发行研究(12).
赵文义,2016. 略论学术期刊数字出版需求侧与供给侧的结构性改革[J]. 出版发行研究(5).
郑志来,2016. 供给侧视角下共享经济与新型商业模式研究[J]. 经济问题探索(6).
中国纸业供给侧结构性改革的样板经验总结、山东造纸产业转型升级的典型经验报道《辉煌鲁纸》正式出版发行[J]. 中华纸业,2016(5).

钟佐彬,2016. 基于供给侧改革的出版企业全面预算管理研究[J]. 科技与出版(8).

周书灵,2016. 出版产业供给侧改革政策解读及其误区[J]. 编辑之友(6).

周炜,2016. 浅谈科技图书出版的供给侧改革[J]. 现代商业(26).

周蔚华,2009. 对"坚持社会效益第一的前提下实现社会效益和经济效益的统一"重大命题的一点看法[J]. 中国出版(1).

周野,2018. 数字出版产业"认知盈余"的知识变现探究——以"知乎"社区为例[J]. 视听(1).

Amit S. Closepet, K. Uma Rao. Supply Side Management for Cost Optimization in Developing Countries Suffering with Power Outage[J]. Journal of Power and Energy Engineering, 2015, 3(4).

Annemarie de Jong; Dick Hortensius. ISO to publish book on integrated use of management system standards [J]. ISO Management Systems, 2008, 8(2).

Artur Lugmayr, Johanna Grueblbauer. Review of information system sresearch for media-industry-recentadvances, challenges, and introduction of information system sresearch in the media industry[J]. ElectronicMarkets, 2017, Vol. 27(1).

Axel Ockenfels, Joachim Weimann. The Supply Side of Organ Allocation[J]. Analyse &amp, 2001, 23(2).

Bertrand. Zitouna. Cross-border acquisitions, an examination of the influence of relatedness andcultural fit on shareholder value in US acquiring firms[J]. Management International Review, 2008(35).

Bhagat. Cross-Border Mergers and Acquisitions: Their Role in Industrial Globalisation [D]. OECD Science, Technology and Industry Working Papers, 2010.

Brown G. The Rough and Rosy Road: Sites of Contestation in Malaysia′ Shackled Media Industry[J]. Pacific Affairs, 2005, 78(1): 39-56.

Chen Chi Chang. Business models for open access journals publishing [J]. Online Information Review, 2006, 30(6).

Cui G P. Media Industry Regulation and Its Influence Upon Media Industry in China[J]. Journal of Northwest A & F University, 2009.

Giuseppe Grossi, Francesca Pepe. Consolidation in the public sector: a cross-country comparison [J]. Public Money & Management, 2009, 29(4).

Harald Bathelt. The Re-emergence of a Media Industry Cluster in Leipzig[J]. European Planning Studies, 2002, 10(5): 583-611.

Jantunen A, Tarkiainen A, Chari S, et al. Dynamic capabilities, operational changes, and performance outcomes in the media industry[J]. Journal of Business Research, 2018.

Paul M, Evans, 2000. A future for publishers serving technology industry markets: adapting to the opportunity of the Internet era [J]. Aslib Proceedings, 52(10).

Rebecca Pohl. Selling difficulty: the case of Christine Brooke-Rose[J]. Textual Practice, 2018(2).

Silva B M D, Revés J, Durão J, et al. Pratory Publishing: An Industry that Is Threatening Science[J]. Acta Médica Portuguesa, 2018, 31(3).

Simon Carolan, Christine vain. Self Publishing: Opportunities and Threatsina New Age of Mass Culture[J]. Publishing Research Quarterly, 2013(4).

Spotlightonthe. Self-Publishing Market [J]. Hane, PaulaJ. EN, 2012(8).

Sun L. Analysis on How Publishing Industry Become Successfully Listed[J]. Education Teaching Forum, 2017.

Timothy H, Lotz A D, Serra T. Critical Media Industry Studies: A Research Approach[J]. Communication Culture & Critique, 2010, 2(2): 234-253.

Wen W U, Zhou R T. Research on "Field" Marketing of Webcast in Publishing Industry[J]. Editorial Friend, 2017.

Yuyan A N. The Dilemma and Reform Strategies of Digital Publishing of University Textbooks in the Era of Big Data[J]. Journal of Zhejiang Shuren University, 2018.